www.tredition.de

AF214782

Kathrin Degen

Mücken im Niemandsland

Meine Flucht aus der DDR

www.tredition.de

© 2020 Kathrin Degen
Umschlag, Illustration: Annett Bönte
Lektorat, Korrektorat: Dr. Anestis Nessou, Nina Stern

Verlag und Druck: tredition GmbH, Halenreie 40-44, 22359 Hamburg

ISBN
Paperback: 978-3-347-15362-2
Hardcover: 978-3-347-15363-9
e-Book: 978-3-347-15364-6

Für meine Eltern

VORWORT

Warum seid ihr geflohen, so kurz vor der Wende? War das Ende denn nicht absehbar? Diese Frage wird mir immer wieder gestellt, wenn ich davon erzähle, dass meine Eltern und ich im August 1989 über Ungarn nach Österreich geflohen sind, um die DDR zu verlassen. Für immer. 30 Jahre ist es her, dass wir diesen Weg gegangen sind, dass meine Eltern diesen Weg für mich gewählt haben, denn ich war damals erst 13 Jahre alt. Diese Entscheidung hätte ich nie treffen können. Ich war ein Kind, ein Teenager, mit Flausen im Kopf, und doch habe ich diese Entscheidung mitgetragen. Mehr als mir damals bewusst war. Unzählige Male habe ich Freunden, Bekannten, Kollegen meine Geschichte erzählt, wie das so war mit dieser Flucht, die bei meinem Gegenüber oft ungläubiges Staunen auslöst, meist Respekt und immer Neugier. Im Nachhinein weiß ich, es war nur eine Flucht von vielen tausenden, die andere zeitgleich gewagt haben. Es machte mir nie etwas aus, darüber zu sprechen, Details zu beschreiben, den Krimi meines Lebens zu erzählen, wie er war, ungeschönt, echt.

Doch bei einem dieser Gespräche wurde mir eine Frage gestellt, die zuvor niemand stellte: »Warst Du nochmal da?« fragte mich eine Schülerin, die ein Referat über den Mauerfall vor 30

Jahren halten wollte. Genau genommen über mich, mich als Zeitzeugin sozusagen. »Warst Du nochmal da?« hallte es in meinem Kopf wider. Nein. Nie wieder. An dem Punkt, der mein Leben und das meiner Eltern vor 30 Jahren so einschneidend und für immer änderte, waren wir nie wieder. Dabei habe ich vieles so klar vor Augen – soweit ich damals bei Nacht etwas sehen konnte. Ich könnte Details zeichnen, so präsent kommen sie mir vor, sobald ich davon erzähle. Sequenzen werden dann vor meinem geistigen Auge zum Leben erweckt, so als hätten sich manche Bilder wie ein Dia auf meiner Netzhaut eingebrannt. So, wie wenn man früher den Fernseher zu lange anließ und nach dem Ausschalten das letzte Bild noch lange auf der Mattscheibe zu sehen war, bevor es schwächer und schwächer wurde und schließlich ganz verblich.

Nein, ich war nie wieder dort. Die Neugier danach war unterbewusst schon lange da. Nur hatte ich sie ignoriert. Ich hatte sie überhört, meine innere Stimme, die fragte: Wie sieht es wohl bei Tag aus? Wo ist die Stelle, an der wir uns auf den Weg machten? Auf den Weg ins Ungewisse? Auf den Weg in ein neues, in ein freies Leben - unser zweites Leben.

Jetzt konnte ich die Stimme nicht mehr überhören. Die Idee pochte von innen an meine Schläfen. Wie eine Lawine überrollte mich der Wunsch, diesen ungewöhnlichen Zeitsprung zu wagen. Einen Zeitsprung ins Jahr 1989. Ich wollte unseren Fluchtweg noch einmal begehen. Die Idee kam auch in meiner Redaktion gut an. So bekam ich den Auftrag, daraus eine Reportage zu drehen. Ich zögerte kurz und dann ließ ich mich ein auf ein ungewöhnliches Experiment, auf mein kleines Abenteuer, von dem ich nicht ahnte, was es mit mir machen würde.

»DDR und UdSSR tragen gemeinsam zur Stärkung des Sozialismus und zur Sicherung des Weltfriedens bei«

Neues Deutschland, 01.07.1989, Seite 1

»Was ist der Deutschen Vaterland?«

Ein endgültiger Verzicht auf die Einheit würde nur das Mißtrauen unserer Nachbarn in Ost und West verstärken.

DIE ZEIT, Ausgabe 29, 1989

ETAPPE 1 – DER AUFBRUCH

September 2019. Ich bin auf dem Weg in meine Heimatstadt Magdeburg, Landeshauptstadt von Sachsen-Anhalt. Ich bin nicht allein unterwegs, sondern mit einem Kamerateam. Ich mache das also wirklich. Es gibt kein Zurück mehr. Verrückt.

Es ist nicht mein erster Besuch in Magdeburg seit dem Mauerfall. Keineswegs. Ich bin seit dem Tod meines Opas sogar jedes Jahr einmal dort. Jedes Jahr im Sommer. Doch während ich mich sonst auf den Besuch freue, ist es dieses Mal anders. Sonst weiß ich genau, was mich dort erwartet. Normalerweise treffen meine Eltern, meine kleine Familie und ich dort langjährige Freunde und halten unser jährliches Familientreffen ab. Dabei verabreden wir uns mit Tanten, Cousinen und Onkeln auf einem bestimmten Friedhof. Nicht etwa, weil wir alle ein besonders morbides Gemüt haben, sondern um dort dem verstorbenen Vater, Opa und mittlerweile Uropa zu gedenken und mit einer Flasche Sekt auf ihn anzustoßen. Drei Generationen stehen dann quasselnd am Grab und plaudern über das was ist, was war und was kommt. Dass wir uns schon den ein oder anderen irritierten Blick anderer Friedhofsbesucher eingefangen haben, nehmen wir in Kauf, dieses eine Mal im Jahr. Doch diese kunterbunte, giggelnde Truppe wartet bei dieser Reise nicht auf mich. Heute wird mir flau im Magen bei dem Gedanken an die Stadt, die ich vor 30 Jahren von einem Tag auf den anderen verlassen musste. Es dreht sich alles in meinem Kopf um den Sommer 1989, und das schon seit Tagen. Genau genommen seit ich die Idee hatte, unseren Fluchtweg noch einmal zu besuchen – und zwar als Journalistin und Reporterin für meine Redaktion.

Ich versuche mich zu erinnern, wie die letzten Wochen und Tage vor unserer Flucht waren. Was habe ich gemacht, was habe ich gefühlt, wie war unser Leben hier? 30 Jahre ist das jetzt her. Bilder, Ausschnitte, wie auf einem vergilbten Polaroidfoto blitzen in meinen Kopf auf. Geräusche und Gerüche kriechen in Ohr und Nase. Der staubig milde, vertraute Geruch der Tagesdecke auf meinem Bett in meinem Kinderzimmer, der liebliche, geheimnisvolle Duft des Intershops mit seinen leuchtenden, Freiheit verheißenden Waren aus einer Welt jenseits des DDR-Graus, das Kichern meiner besten Freundin, das Quietschen der

Straßenbahn, wenn sie wenige Meter neben unserem Haus an der Endhaltestelle um die Ecke bog, das fröhlich aufgeregte Knattern der Trabimotoren, »Seid bereit! Immer bereit!«-Ausrufe vor Unterrichtsbeginn...

Ich fühle und weiß, dass ich eine glückliche Kindheit dort hatte vor unserer Flucht. Trotzdem scheint es mir unangemessen, die Worte Flucht und glückliche Kindheit in einen Satz zu bringen. Es klingt wie ein Tabu. Glück und Unrechtsstaat – das passt nicht zusammen. Oder doch? Darf ich sagen, dass ich in der DDR glücklich war, obwohl wir aus ihr geflohen sind? War echtes Glück überhaupt möglich in einem Staat, der seine Bürger bespitzelt, Regimekritiker eingesperrt und gegenseitiges Misstrauen geschürt hat, in dem Mangel Normalzustand war oder war dieses Glück nur eine Illusion? Ein Staat, der für die Begrenzung der physischen und gedanklichen Freiheit Mauern bauen ließ und dafür sogar Tote in Kauf nahm? Ich habe darauf keine Antwort.

Vielleicht finde ich sie auf dieser Reise. Denn ich war bloß ein Kind, 13 Jahre alt, an der Grenze zum Teenager. Und meine kleine, beschränkte Welt war heil. Meine Kindheit war schön und das verdanke ich vor allem meinen Eltern. Sie ließen mich behütet aufwachsen, schirmten mich ab von dem, was mich mit 13 noch nicht interessieren musste, sie schützten mich vor der ungerechten Wahrheit in diesem Staat so lange es ging. Vielleicht ein bisschen zu lange, wie die Ereignisse hinterher zeigten.

Mein Vater gelernter Maschinenbau-Ingenieur, meine Mutter, Ingenieurin für Datenverarbeitung, hatten 1977 im Alter von 30 und 33 Jahren umgesattelt in die Gastronomie. Als Gaststättenleiter hatten sie oft 14 Stunden-Tage. Fleißig und unauffällig fügten sie sich jahrelang ins System ein. Regimetreuen Kontakten begegneten sie höflich, machten sich aber nie selbst zum Handlanger der politischen Mächte. Sie traten ganz bewusst nie in die SED ein, sondern nur in die LDPD, die Liberal-Demokratische-Partei-Deutschlands. Für sie war diese Partei die entspanntere Alternative, in die sie nur deshalb eintraten, um nicht den Anschein zu erwecken, dass sie Systemkritiker seien, um in Ruhe gelassen und vor allem nicht bevormundet zu werden. Sie wollten keinen Ärger, sondern machten vorsichtig und pfiffig das Beste aus allem, was sich ihnen entgegenstellte. Allerdings hatten sie einen großen Makel. Den konnte man ihnen zwar nicht ansehen, aber er war da, unsichtbar aber unauslöschbar. Sie wollten frei und selbstbestimmt sein.

Wie ein Magnet zieht mein ungewöhnlicher Reiseplan all meine Gedanken an sich und alle Energie. Während der 419 Kilometer Autofahrt bis zum Startpunkt unserer ersten Etappe versuche ich mir vorzustellen, wie es wohl sein wird, wieder vor unserem Wohnhaus zu stehen. Nur wenige Male war ich in den vergangenen Jahren nach dem Mauerfall in unserer Straße. Ich habe sie meinem Mann gezeigt, auch meinen Kindern. Aber bisher bin ich immer nur langsam vorbei gefahren an unserer Wohnung. Genau musterte ich die Gardinen und die Deko im Fenster und versuchte, einen Hinweis zu erhaschen, wer dort seitdem wohnte. Wieder eine Familie? Haben sie unsere Sachen behalten? Hat das Kind sich gefreut über mein Spielzeug? Oder war alles Geliebte und Gesammelte im Schlund eines Müllautos verschwunden, nachdem die Staatsicherheit die Wohnung zur Entrümpelung frei gegeben hatte? Meine Fantasie geht mit mir durch. Doch der unerfüllbare Wunsch, einen Blick zu erhaschen in das, was einmal mein Zuhause war, in Schränke zu schauen, in denen womöglich noch die Schätze meiner Kindheit liegen oder auch nur etwas ganz Banales, lässt mich nicht los. Soll ich heute klingeln? Meine Vernunft ermahnt mich, dass ich heute schließlich auch als Reporterin hier unterwegs bin. Ich habe einen Auftrag. Es soll ein guter Film dabei herauskommen. Also ja, ich weiß, ich sollte klingeln. Und was dann? Ich glaube nicht, dass mir jemand aufmacht, geschweige denn, mich hereinlässt, erst recht nicht mit Kamerateam im Schlepptau. Die Ostdeutschen schätze ich da noch viel skeptischer ein als die Westdeutschen. Und was, wenn nicht? Was, wenn mir jemand öffnet? Was mache ich dann? Wieder wird mir mulmig, es kribbelt in meinem Bauch, meine Augen werden feucht. Schnell schiebe ich den Gedanken weg.

Angekommen. Wir sind in Magdeburg. Es ist später Nachmittag. Uns bleibt nicht viel Zeit für die passenden Bilder. Wir fahren durchs Stadtzentrum – ich mache meine Aufsager im Auto mit laufender Kamera und spreche davon, dass ich gespannt bin auf diese Zeitreise und wie vertraut mir alles hier ist. Ja, das ist es tatsächlich, trotz der vielen Jahre, die ich nicht mehr hier lebe. Im Stadtzentrum und auch in den anderen Stadtteilen hat sich im Laufe der drei Jahrzehnte viel verändert. Es wurde viel gebaut, verschönert, modernisiert, aber die großen Adern der Stadt sind gleich. Wir fahren vorbei am alten Marktplatz. Ein vertrauter Platz für mich, denn die letzten 5 Jahre unserer DDR-Zeit hatten meine Eltern dort ein Restaurant beziehungsweise sie leiteten ein Restaurant im Auftrag der Handelsorganisation Gaststätten, einem staatlich geführten Unternehmen. Es war eins der beliebtesten Restaurants der Stadt. Das ließ zumindest die meterlange Schlange erahnen, die sich regelmäßig davor bildete. Selbst gepökeltes Eisbein, im Magdeburger Raum »Bötel« genannt, mit Sauerkraut, Börderländer Schlachteplatte und natürlich auch DDR-Klassiker wie Würzfleisch oder Soljanka fand man auf der Karte der »Bötelstube«- Spezialitätengastronomie im Herzen von Magdeburg. Auch wenn man die dafür klassische Zutat Tomatenmark erst von einem anderen Restaurant leihen musste, weil der eigene Vorrat aufgebraucht war und es stets zu wenig gab. Irgendein anderes Restaurant hatte immer welches und irgendwer keins. Gute Kontakte zu den anderen Restaurant-

Chefs zu haben, war Gold wert, denn eine Hand wusch die andere. Meine Eltern versuchten alles Mögliche, um ihren Gästen immer etwas Besonderes zu bieten. In der Bötelstube gab es deshalb auch ein Salatbuffet, auf dem eben nicht nur Weißkohl- und Rotkohlsalat aus Mangel an Alternativen zu finden war. Bei uns gab es auch Mais, rote Beete und manchmal sogar Paprika – je nachdem, wie oft die Beziehungen in den Lebensmittelhandel es möglich machten. Zur Beziehungspflege mit selbigem stimmte mein Vater das Personal des Großmarktes freundlich, indem er zum Beispiel bei der Bestellung der Ware dem zuständigen Mitarbeiter einen extra Geldschein zusteckte, heimlich übergeben im Großmarkt-Ausweis, den er vorlegen musste, um überhaupt Zutritt zum Großmarkt zu bekommen. Als Dankeschön wurde die bestellte Ration dann entsprechend aufgestockt und es wurden eben ein paar mehr Stangen der gewünschten Zigarettenmarke oder ein paar mehr Flaschen Spirituosen geliefert als bestellt. Bei der Prüfung der Lieferung drückte man sozusagen beide Augen zu, zum eigenen Vorteil. Wie gesagt, eine Hand wusch die andere. Um Champignons zu ergattern, machte mein Vater sich sogar regelmäßig auf den Weg in die Hauptstadt Ost-Berlin. 160 Kilometer vom Restaurant entfernt kaufte er in einem polnischen Feinschmeckerladen die beliebten Pilze - natürlich auch nur in Gläsern oder Dosen, aber dennoch eine Rarität. Wimpel oder Gläser, die aussahen wie Pokale, mit dem Logo des 1.

FC Magdeburg waren dort im Gegenzug gern gesehene Bestechungsware. Zur Spargelsaison musste mein Vater zwar nur 50 Kilometer in die Altmark fahren, um das begehrte Gemüse einer alten Bäuerin abzukaufen. Dafür verbrachten wir das darauffolgende Wochenende damit, auf der Terrasse unseres Bungalows am Stadtrand stundenlang Spargel zu schälen. Manchmal half sogar eine Nachbarin mit. Für einen netten Plausch und ein Glas Wein. Und so pflegte man gleichzeitig das typische DDR-Gemeinschaftsgefühl. Denn schließlich brauchte jeder mal Hilfe bei irgendetwas. Eine Hand... und so weiter.

Die Mühe zahlte sich aus. An Wochentagen bildete sich vor allem mittags oft eine lange Menschenschlange vor der Tür unseres Restaurants. Wie beliebt es war, das spürte ich am eigenen Leib, wenn ich als angehender Teenager mal wieder in der Küche aushalf. Seit ich 11 Jahre alt war, spülte ich meist am Wochenende die stetig wachsenden Tellerberge vor dem Rückgabefenster der Küche weg – damals alles noch schön per Hand in riesigen Großküchen-Spülbecken. Mein Bruder war mit seinen 23 Jahren bereits selbst Familienvater und bereits Küchenchef im Restaurant. Wer weiß, wären wir nicht geflohen, wahrscheinlich wäre ich auch in die Gastronomie eingestiegen, obwohl damals Ballerina, Kosmetikerin oder Erzieherin meine eigentlichen Jobfavoriten waren.

Zurück im Jetzt fahren wir vorbei am Hundertwasserhaus, dem neuen Schmuckstück und Touristen-Magneten der Stadt, vorbei am Hasselbachplatz, dem Kneipen- und Ausgehviertel, weiter nach Sudenburg – in mein altes Wohnviertel. Hier wohnten meine Großeltern, auch hier leiteten meine Eltern Jahre zuvor eine Gaststätte namens »Café Südstern«. Auch meine Lieblingseisdiele war hier und sie ist es tatsächlich noch immer. Das »Café Hadrys« liegt direkt an der Hauptstraße. Es war damals für DDR-Verhältnisse ganz modern eingerichtet und mit lila-pink-weiß gestreiften Wänden. Mittlerweile hat es sein Angebot zum Bistro erweitert. Die Eis-Auswahl war damals, positiv formuliert, sehr überschaubar: Schoko, Vanille, Erdbeere. Kein Überangebot an Sorten, keine Streusel, Schokosoße oder sonstige Extras, und statt leckerer knuspriger Eishörnchen, die ich erst viel später im Westen kennenlernte, gab es helle, pappige Waffeln, die jedes schmelzende Eis aufsaugten und löchrig wurden bis die klebrige Eismasse hindurchtriefte. Und trotzdem liebte ich diese Eisdiele.

So blassgrau meine Erinnerung daran auch ist, sie reicht für ein wohliges Gefühl aus Kindertagen. Ich weiß nicht genau, warum, aber irgendwie freut und beruhigt es mich, dass diese Eisdiele immer noch existiert. Fast so, als wäre sie ein Beweis dafür, dass ich mir meine Kindheit hier in dieser Welt nicht nur eingebildet habe, wo sich doch alles herum heute so verändert hat.

Das Kamerateam und ich fahren vorbei an meinem alten Kindergarten, auch ihn gibt es noch, oder zumindest ist im gleichen Flachbau auch heute eine Kindertagesstätte. Direkt neben meiner alten Schule. Da ist sie. An derselben Stelle, aber optisch deutlich aufpoliert. Heute ist aus der früheren Richard-Sorge-POS eine Waldorfschule geworden, lese ich am Schild. In den Räumen, in denen früher die politische Moral der Deutschen Demokratischen Diktatur die Köpfe unschuldiger Kinder vereinnahmte, genau dort wird jetzt das »Denken, Fühlen und Wollen« der Reformpädagogik gelehrt. Einengende Regeln sind hier jetzt die Ausnahme, Meinungsmache verpönt. Der Mensch ist wie er ist, er denkt frei – so das neue Motto. Der Kontrast ist extrem, irgendwie kurios und ein eindeutiges Zeichen des Wandels.

In meinen Gedanken gehe ich die Treppen hoch, zu meiner Klasse. Ich war immer eine gute Schülerin. Zuverlässig, diszipliniert, engagiert in allen Themen – politisch oder nicht. Ich habe mich an die Regeln gehalten, sie nicht hinterfragt. Auch nicht die politische Ideologie, die uns gelehrt wurde. Nichts kritisiert, sondern auswendig gelernt. Ich wollte ein Vorbild sein, habe dem System vertraut und bekam dafür meine Einser. Gezweifelt habe ich nie. Es gab keinen Grund dafür. Nicht mit 13 Jahren.

Obwohl einige Jahre meiner Schulzeit nicht ganz so glücklich waren, ging ich gerne dorthin. Nur in meinen Bauchschmerz-Jahren, wie ich sie nenne, war es mir oft eine Qual. Ob im Osten oder Westen, einige Parallelen gab es schon immer und wird es wohl auch immer geben. Es wurde gemobbt, hier wie dort. Eine Zeit lang war ich das Opfer des Mobbingtrupps in meiner Klasse. Woran es lag, weiß ich bis heute nicht. Als ein neues Mädchen aus Berlin Marzahn in unsere Klasse kam, sorgte sie für Unruhe und es änderte sich viel – vor allem für mich. Es entstand eine neue Gruppendynamik. Gesteuert von Missgunst und Manipulation. Bestenfalls hat ihr einfach nur meine Nase nicht gepasst, womöglich spielte Neid eine Rolle oder ich war einfach zu wenig ihr Fan, zu wenig Mitläufer. Manchmal rede ich mir ein, es lag vielleicht ganz simpel an meinem Schulranzen. Als einzige meiner Klasse hatte ich tatsächlich einen der Marke Scout, ein Tornister aus dem anderen Teil Deutschlands, der schon allein wegen der Strahlkraft seiner Farben ein Sinnbild des Westens war. Meine Eltern hatten ihn mir zum Schulstart in einem der Intershops für teures Westgeld geholt. Woher sie das hatten? Natürlich war in der DDR auch Westgeld im Umlauf, man musste nur die Quellen kennen, um DDR-Mark in westliche Devisen zu einem hohen Kurs umzutauschen. Und meine Eltern kannten einige. Darunter ein Ehepaar, das eine Kneipe in unserem Wohnviertel führte. Vermutlich hatten diese Westverwandtschaft und deshalb immer genug D-Mark. Ein Anruf genügte, dann wussten sie bescheid und mein Vater konnte vorbeikommen und hinten im Büro heimlich DDR-Mark mit einem Kurs von 1:7 in D-Mark umtauschen.

Für besondere Anschaffungen, wie meinen Scout-Tornister, nutzten sie diese Möglichkeit. Meine Eltern wollten etwas Besonderes für mich, und das war er. Er war mein ganzer Stolz, doch seine Besonderheit fiel auch auf. Ich fiel damit auf. Das Andere in einer sonst gleichförmigen, gleichfarbigen Masse sprang ins Auge. Manchmal habe ich schon daran gezweifelt, ob das mit dem Mobbing alles Zufall war. Bin ich einigen Kindern ein Dorn im Auge gewesen, weil ich Dinge hatte, die sie nicht hatten? Wurden sie von ihren Eltern sogar angestiftet, den scheinbar politischen Feind auszugrenzen, weil er nicht ins System passte? Wahrscheinlich hatte es nichts mit alldem zu tun, aber die Vorstellung macht es mir leichter, das Verhalten der Kinder damals zu verstehen und zu verkraften.

Als stolzer Thälmannpionier, fieberte ich 1989, wie alle meine Klassenkameraden, darauf hin, ein Jahr später endlich zu den großen FDJlern zu gehören. Jugendweihe mit 14 – das war das Ziel aller meiner Freunde und auch meins. Dann war man so gut wie erwachsen, zumindest glaubte man das. Die Jungs im Stimmbruch, die Mädchen mit nicht mehr kindlichen Figuren, feierte man den ehrenvollen Tag mit Familie und Freunden so pompös, wie es ging. Als frischgebackener FDJler war man der Star des Tages, stand im Mittelpunkt, bekam Geld geschenkt, feierte ein unvergessliches Fest. So hörte ich es von anderen. Dass ich selbst nie diese Erfahrung machen würde, ahnte ich im Sommer 1989 noch nicht. Doch als ich zur Jugendweihe-Feier meiner besten Freundin Eileen eingeladen wurde, ein Jahr nach unserer Flucht, kam ich als frischgebackener »Wessi« und beobachtete das Geschehen auf der Bühne nur aus dem Publikum. Die stolzen Gesichter meiner ehemaligen Klassenkameraden und Freunde auf der Bühne, die feierliche Stimmung – da wurde mir bewusst, dass ich kein Teil mehr davon war und doch wäre ich es in diesem Moment gern gewesen.

Bevor wir weiterfahren zu meiner ehemalige Wohnstraße, kommen wir am Gelände der früheren Staatssicherheitszentrale Magdeburgs vorbei. Auf einer Fläche von mehreren tausend Quadratmetern erstreckte sich das durch eine Betonmauer und Wachtürme hermetisch abgeriegelte Gebiet derer, deren Aufgabe es war, für die Sicherheit des Staates zu sorgen. Jedoch mit Mitteln, die die Sicherheit des Einzelnen in Unfreiheit und Kontrolle verwandelten. Das Gelände lag eingebettet zwischen mehrstöckigen Wohnhäusern, Kindergärten und Schulen – das ganze Wohnviertel war hauptsächlich für Stasi-Mitarbeiter errichtet worden. Das Stasigelände selbst war ausgestattet wie eine Kleinstadt. Es gab eine Tankstelle, eine Autowerkstatt, Supermarkt, Friseur und vieles mehr, so dass kein Mitarbeiter wirklich das Gelände verlassen musste und so abgeschirmt blieb von negativen Einflüssen. Die meisten Mitarbeiter wohnten in den umliegenden Häusern, ihre Kinder gingen in die extra dafür errichteten Schulen und Kindergärten... ein reines Netz des Staatsschutzes. Wie ein großes klebriges Spinnennetz war es über den ganzen Bezirk gespannt und jeder, der sich falsch bewegte oder etwas Falsches sagte, blieb hängen an den klebrigen Seilschaften der Spitzel. Die gierige fette Stasi-Spinne hockte bräsig in der Mitte und brauchte nur zu warten. Irgendwo dazwischen wohnte ich mit meinen Eltern.

Dann biegen wir um die Ecke und mein Herz schlägt schneller. Da ist sie, die Richard-Sorge-Straße, die heute Astonstraße heißt. Den Namen des kommunistischen Schriftstellers musste sie nach der Wende abgeben. Astonstraße, ein Name ohne Gesicht und ohne politischen Idealismus. Anders als Richard Sorge, dessen Name damals sicher nicht grundlos das Stasiviertel meiner Jugend schmückte, denn auch er arbeitete nicht nur als Schriftsteller, sondern auch verdeckt für den sowjetischen Geheimdienst – wie passend. Ich sitze am Steuer, suche die Nummer 7 und dann wird mir ganz mulmig - schon wieder. Ein Blick nach links, da ist der Türeingang. Die Fenster sind mit Gardinen verhängt - einfach, klassisch, unaufgeregt. Keine angeklebten Fensterbilder oder Basteleien. Es sieht nicht so aus, als würde dort eine Familie leben, oder vielleicht doch? Normalerweise würde ich jetzt weiterfahren, doch ich habe einen Auftrag. Der

Film, meine eigene Idee, ich wollte das hier doch alles. Also halten wir an. Mein Team und ich haben besprochen, dass ich klingeln werde. Mutig habe ich das im Auto auf der Fahrt hierher angekündigt. Ich kann jetzt nicht kneifen und habe trotzdem Angst vor meiner eigenen Courage, denn es wäre die erste greifbare Konfrontation mit meiner eigenen Vergangenheit. Warum eigentlich? Was ist so schlimm daran? Ich sollte mich freuen. Wer hat schon die Chance dazu? Wie viele sind geflohen und haben ihr altes Zuhause nie wiedergesehen, von heute auf morgen alles zurückgelassen? Doch es ist wie es ist, ich habe Respekt - vor dem, was mich erwartet, und vor dem, was es in mir auslösen könnte. Werde ich in Tränen ausbrechen? Das will ich nicht, nicht vor der Kamera. Offenbar ahne ich, dass das passieren könnte. Was denken dann nur die Kollegen, schießt es mir durch den Kopf. Plötzlich spüre ich wie intim das ist, was ich hier tue. Natürlich wusste ich das auch vorher, aber es zu fühlen, ist dann doch nochmal anders. Das, was die Reportagen, die ich sonst für gut befinde, so berührend macht, die Nähe zu den Menschen, eine emotionale Brücke in ihr Herz, will ich plötzlich um jeden Preis vermeiden. Mit jedem Schritt Richtung Tür wird mir klarer, dass mir nicht bis ins Detail bewusst war, worauf ich mich mit der Dokumentation dieser verrückten Reise eingelassen habe. Wie naiv. Ich suche nach einem Ausweg aus dieser Gefühlslage: Ich könnte vor dem Haus stehend dem Zuschauer erzählen, wie es mir damals hier ging und an was ich mich erinnere, sachlich, distanziert. So machen Reporter das doch sonst auch. Aber meine Neugier lässt sich nicht klein halten. Ich weiß, dass ich klingeln werde. Denn mein 13-jähriges Ich ist stark und es will unbedingt sein altes Zuhause sehen. Vielleicht in der Hoffnung, doch noch bewusst Abschied nehmen zu können. Eine Chance, die ich nie wieder haben werde. Nie wieder werde ich so mutig sein wie jetzt und hier. Das spüre ich genau.

In meiner rechten Jackentasche halte ich den Stapel der wenigen Fotos, die ich dabeihabe, fest umklammert. Konzentration, ich bin Journalistin. Wir stehen vor dem Haus. Eine Bewohnerin guckt aus dem Fenster und fragt neugierig, ob wir Hilfe brauchen. Die Kamera geht an, ich erzähle, was mir so einfällt, versuche sachlich zu bleiben, doch meine Gedanken schwirren durcheinander. Ich schweife ab, rede mich um Kopf und Kragen, meine Sätze werden immer länger, so als wollte ich den Moment so weit wie möglich hinauszögern. Nur ein Gedanke wird immer lauter in meinem Kopf bis er alles andere übertönt: Jetzt oder nie! Jetzt oder nie! Jetzt.

Ich schaue auf die Fenster im Erdgeschoss, hinter denen ich 13 Jahre lang ein glückliches Leben hatte und höre mich sagen, dass ich »neugierig bin und jetzt klingeln werde.« In meinem Kopf redet mir eine Stimme gut zu: »Entspann dich, es wird sowieso niemand aufmachen. Und wenn doch, er lässt dich eh nicht rein.« Ich lasse mich beruhigen und klingele beim erstbesten

Klingelschild unten rechts. »Lorenz« steht darauf. Warten. Und dann passiert das, womit ich am wenigsten gerechnet habe: Der Summer geht, die Tür springt auf.

Ich betrete den Hausflur und atme tief ein… riecht es wie damals? Vertraut und nach Zuhause? Bevor ich eine Antwort darauf finde, biegt plötzlich ein älterer Herr um die Ecke, blau gestreifter Pulli, graues Haar, Brille, irritierter Blick – er schaut mich an, als habe er jemand anderes erwartet. Und das hat er auch. Er wartet auf das Frauchen seines Pflegehundes, der uns freudig Schwanz wedelnd begrüßt. Herr Lorenz dagegen ist überrascht, genau wie ich.

Ich stelle mich vor und er bittet mich herein. Einfach so. Mich und das Kamerateam hinter mir. Ich bin perplex. Das gibt's doch nicht. Ich zweifle kurz: ist er vielleicht geistig verwirrt oder wirklich einfach nur nett? Hat er dieses Kamerateam hinter mir überhaupt gesehen? Drei Leute und eine Kamera mit grellem Licht kann man doch selbst mit einer schlechten Brille nicht übersehen, oder? Ich gehe dem Mann wie ferngesteuert hinterher, in dem Glauben, dass er es sich jeden Moment anders überlegt und uns rauswirft. Die Kamera läuft und meine Gedanken rasen durcheinander. Sollte ich jetzt etwas sagen? Als Reporterin sollte ich jetzt womöglich… ja, aber was eigentlich?

AHHHHHHHH, stop. STOP! Ich stehe tatsächlich in unserer alten Wohnung. Atmen. Pause.

Ist das echt? Passiert das gerade wirklich? Wer kann mich kneifen? Meine Konzentration ist weg, meine journalistische Distanz blieb irgendwo vor der Eingangstür zurück. Mein Herz schlägt bis zum Hals. Es ist nicht zu fassen... ich atme ein. Nichts riecht wie früher. Trotzdem Flashbacks im Sekundentakt. Ich bin 13 Jahre alt.

Es ist so lange her. So oft habe ich davon geträumt, von meinem alten Zimmer, von den Straßen und meinem Leben hier. Anfangs nach unserer Flucht bin ich manchmal nachts aufgewacht und orientierungslos in die falsche Richtung zum Bad gelaufen. Ich weiß genau, an welcher Stelle hier was war. Die kleine Küche, in der meine Mutter samstags Suppe kochte und mein Bruder seine Probeessen während der Ausbildung zum Koch übte. Das Bad, das er fast komplett abfackelte, als ihm ein Chemie-Experiment missglückte. Mein Zimmer, in dem wir beide schliefen bis er mit 18 auszog und eine eigene Familie gründete. Die Räume sind gleich und doch ist alles anders. Überraschend klein wirken die Zimmer, viel kleiner als in meiner Erinnerung. Für einen Moment zweifle ich daran, überhaupt in der richtigen Wohnung zu stehen.

Herr Lorenz bietet mir einen Platz an und wir kommen ins Gespräch. Ich will ihm erzählen, wer ich bin, warum ich überhaupt hier bin und vor allem, warum ich so lange nicht mehr hier war. Noch während ich diese Worte formuliere, wird mir die Bedeutung dessen, was hier gerade passiert, wirklich bewusst. Ich vibriere innerlich. Ich versuche sachlich zu bleiben, mich zu konzentrieren auf meine Rolle als Reporterin, aber es hat keinen Sinn. Es ist zu spät. Mein inneres Gefühlskonstrukt kracht in sich zusammen wie ein fragiles Kartenhaus. Es überrollt mich ungeplant und gewaltig. Warm kullert es aus meinen Augen. Mist, Mist, Mist… Endlich sitze ich in meinem alten Zuhause, auf dem Sofa eines wildfremden Mannes, eine Kamera ist auf mich gerichtet und was mache ich? Ich breche in Tränen aus. »Nicht professionell! Fang Dich, reiß Dich zusammen!« ermahnt mich mein Kopf. Es fällt mir so schwer. Das hier ist einfach zu viel für mein kleines Herz.

Warum nur berührt es mich so sehr? Nach all den Jahren? Obwohl ich im Westen Deutschlands ein tolles Leben habe. Alles, was nach meinem Leben in der DDR kam, war gut für mich. Es sind doch nur Räume… nur eine Wohnung. War unser Weggehen nicht irgendwie auch wie ein Umzug, frage ich mich. Man verlässt seine Heimat und beginnt irgendwo anders von vorn. Aber natürlich hinkt der Vergleich. Nichts daran war normal. Vermutlich berührt es mich deshalb so, weil hier für mich alles gut war, damals mit 13. Ich fühlte mich hier wohl. Genau hier. In diesem Wohnzimmer, das mir damals wie ein Palast vorkam. Ein Palast, in dem ich Kind sein durfte, in dem ich behütet wurde, in dem ich getröstet wurde, in dem ich tanzen konnte wie eine große Ballerina, in dem ich heimlich Westfernsehn guckte, nicht ahnend, was mir und meinen Eltern bevorstehen würde. Nicht ahnend, was mir verheimlicht wurde, zu meinem eigenen Schutz. Diese Wohnung hier war bis zum August 1989 meine kleine, perfekte Welt - mein Zuhause.

Doch in dieses Zuhause kamen nicht nur Freunde und Familie, sondern auch Mitarbeiter der Stasi. Sowohl heimlich, um alles zu durchsuchen und zu verwanzen, als auch ganz offiziell, um nach dem Rechten zu schauen, um uns zu kontrollieren. Diese Männer in meiner Erinnerung kamen immer unangekündigt und manchmal – kein Witz – sogar ganz klischeehaft im ockerfarbenen Trenchcoat. Sie bekamen von meiner überfreundlichen Mutter Kaffee serviert. Die Männer plauderten vermeintlich höflich und interessiert, um nicht zu sagen neugierig, über dieses und jenes und auch über diesen und jenen Bürger. Wie ich erst später erfuhr, horchten sie meine Mutter schlichtweg aus. Sie wusste das und verriet nichts und niemanden, sagte kein falsches Wort. Sie spielte das Spiel perfekt mit. Bis es nicht mehr ging. Dass es nicht mehr ging, wurde ihr und meinem Vater spätestens an dem Tag bewusst, an dem ich die Fingerabdrücke entdeckte. Auf der Suche nach unseren alten Fotoalben schob ich unsere Couch zur Seite. Dahinter war ein Regal unter der Durchreiche zur Küche. Die Staubschicht auf dem Regal verriet, dass wir die Fotoalben nur selten anschauten und das Putzen an dieser Stelle nicht unbedingt Priorität hatte. Umso stutziger machte es mich, als ich dort mitten im Staub Abdrücke von Fingern sah. Es irritierte mich und ich rief meiner Mutter in der Küche zu, ob sie an dem Regal gewesen sei. Sie verneinte und auch mein Vater hatte dort nichts gesucht. Ich zeigte ihr meine Entdeckung. Sie war ebenfalls überrascht und speiste mich aber mit einer beruhigenden Erklärung ab, die mich keine weiteren Fragen stellen ließ. Was diese Entdeckung tatsächlich in ihr auslöste und was das für unsere Zukunft bedeutete, zeigte sie mir nicht. Ich machte weiter, als wäre nichts gewesen. Meine Eltern hingegen schmiedeten von diesem Zeitpunkt an neue Pläne. Welche Bedeutung diese Entdeckung hatte, wurde mir erst Jahre nach unserer Flucht erzählt. Meinen Eltern war klar, dass diese Fingerabdrücke nicht von uns sein konnten. Sie zählten eins und eins zusammen.

Denn was ich zu dem Zeitpunkt meiner Entdeckung noch nicht wusste: im Sommer 1987, zwei Jahre vor unserer Flucht, klingelte es irgendwann morgens um 6 Uhr an unserer Wohnung. Vor der Tür standen Polizisten der Staatssicherheit sowie eine Frau, die sich um das Kind, also um mich, kümmern sollte. Zu ihrer Überraschung und meinem Glück war ich zu dem Zeitpunkt in einem Ferienlager und bekam von alldem nichts mit. Vielleicht hätte ich sonst viel früher geahnt, dass in meiner heilen Welt Dinge im Auftrag des Staates passierten, die nicht rechtens waren. Die Polizisten nahmen meine Eltern mit. In getrennten Wagen wurden sie zu einem Gebäude der Staatssicherheit gebracht. Ebenso wurden beide getrennt voneinander in Verhörräume gesperrt und es wurden ihnen Fragen gestellt, den ganzen Tag lang. Immer wieder. Mal immer die gleichen. Mal andere. Die Staatssicherheit wollte, dass meine Eltern sich verraten. Der Vorwurf: Angeblich existierte ein anonymer Brief, in dem meine Eltern beschuldigt wurden, eine Flucht zu planen. Meine Eltern stritten alles ab. Sie sagten kein falsches Wort, das die Stasi befugt hätte, sie direkt einzusperren und mich in ein Kinderheim zu stecken. Ich kann nur erahnen, welche Angst sie gehabt haben müssen. Angst davor, nie wieder dort rauszukommen, ihre Kinder, mich und meinen Bruder, nie wieder zu sehen und sogar dauerhaft im Gefängnis zu landen. Wegen eines Versprechers, eines Zögerns, eines unbedacht gewählten Ausdrucks. Denn dass Menschen nach einem Verhör der Staatsicherheit manchmal einfach nicht mehr zurückkehrten, das hatte sich unter den Bürgern des DDR-Staates längst herumgesprochen. Weder mein Vater noch meine Mutter wussten, ob sie im gleichen Gebäude sind. Um das herauszufinden, wandte meine Mutter einen Trick an, den ich bis heute bemerkenswert finde. Sie begann zu husten, nicht nur einmal, sondern oft und laut genug, dass man es durch mehrere Räume hören konnte. Denn sie hoffte auf ein Echo. Und dieses Echo kam. Mein Vater in seinem Raum hörte es und verstand sofort, was sie ihm versuchte zu sagen: »Ich bin hier. Wo bist du?« Mein Vater beantwortete ihre Frage ebenfalls mit einem beruhigenden Husten, gleichbedeutend mit den Worten: »Ich bin in deiner Nähe.« So wussten sie, dass sie zumindest im gleichen Gebäude waren. Doch die Angst saß ihnen im Nacken. Die Angst, nicht mehr in ihr Leben zurück zu dürfen, weil sie anonym denunziert worden waren. Die Angst, ihre Kinder nie wieder zu sehen. Doch bereits in diesem Moment, sicher der gefährlichste ihrer DDR-Zeit, bewiesen sie starke Nerven. Im Nachhinein betrachtet, hat sie dieses Erlebnis in gewisser Weise sogar vorbereitet auf das, was kommen sollte. Vor allem aber hat es sie motiviert, etwas zu ändern. Denn ironischerweise hat dieser Vorfall sie nicht eingeschüchtert, sondern sie bestärkt, ihre schon vorher unbemerkt keimende Idee einer Flucht aus der DDR in die Tat umzusetzen. Nach meiner Entdeckung mussten sie davon ausgehen, dass unsere Wohnung während ihrer Abwesenheit verwanzt worden war, an genau diesem einen Tag im Verhörraum. Wie sollten sie dort weiterleben, wenn sie sich nicht mal mehr in den eigenen vier Wänden frei fühlen konnten? Wie sollten sie Pläne schmieden, wenn jedes Wort von Fremden gehört wurde und sie ins Gefängnis bringen konnte?

Ich frage Herrn Lorenz, den freundlichen Mieter, ob ich mich in unserer früheren Wohnung umsehen darf. Mein altes Kinderzimmer zieht mich magisch an. Es ist jetzt ein Schlafzimmer, darin ein Einzelbett, ein Kleiderschrank, alles sehr ordentlich, an der Wand ein Foto von Herrn Lorenz´ verstorbener Ehefrau und ihm. Wieder ploppen Bilder meiner Kindheit vor meinem geistigen Auge auf. Eine Tagesdecke in 70er-Jahre-Grün deckte mein Bett ab, das an der Wand stand. Das Bettzeug formte ich damals immer zu einer Rückenlehne, wie bei einem richtigen Sofa. Darüber hing ein Regal mit Büchern. Ich liebte Kuscheltiere, hatte Unmengen davon überall verteilt. Eine Wand war lila-weiß-pink gestrichen, genau wie damals in meinem Lieblingseiscafé. Ein für mich hippes Detail, das mein Kinderzimmer zu einem Teenagerzimmer machte. Genau wie der Stapel alter, ausgefranster Bravo-Zeitschriften, hinten in der Ecke im Schrank. Der ältere Sohn einer befreundeten Familie schenkte mir regelmäßig seine abgelegten Exemplare und ich hütete sie wie einen Schatz. Verbotene Westware, keiner meiner Klassenkameraden hatte so etwas damals. Und deshalb hingen an meiner Wand auch Poster aus den verschiedenen Ausgaben: George Michael, Michael Jackson, a-ha und andere. Hätte man meine Kinderzimmerwand im August 1989 mit der eines westdeutschen Jugendlichen von damals verglichen - es hätte wohl kaum Unterschiede gegeben.

Es ist schön, hier zu stehen, nochmal abzutauchen, bis mich die Realität zurückholt. Plötzlich verschwinden die Bilder und es ist wieder nur ein Zimmer. Das Zimmer eines Fremden. Nichts, an dem ich hängen müsste. Denn ehrlicherweise habe ich nichts aus meinem Kinderzimmer danach wirklich ernsthaft gebraucht.

Was ist es dann, was mich so sentimental stimmt, obwohl ich mittlerweile so viel Negatives über die DDR weiß, darüber, wie meine Eltern und viele andere hier unter dem politischen System litten? Vermutlich ist es die Purheit der Erinnerung an mein Leben hier, die ich nie zuvor so intensiv empfunden habe wie an genau diesem Ort. Der Moment fühlt sich an, als stünde ich mitten in einem Fotoalbum mit Bildern, in die ich nochmal reinspringen und in denen ich mich umsehen kann - ein konserviertes Gefühl vom Glück meiner Kindheit. Es tut gut und gleichzeitig bedrückt es mich. Denn neben dem wohligen Gefühl spüre ich auch die Macht des abrupten Endes. Es war nicht die Tatsache, dass wir gegangen sind, sondern die Art und Weise, wie: die macht es besonders. Ohne Ankündigung. Ohne Vorbereitung. Ohne eine Wahl zu haben.

Meine Eltern suchten einen Ausweg aus ihrem persönlichen Dilemma. Sie fühlten sich mehr und mehr beobachtet. Sie waren eingeengt, konnten nicht frei sprechen, nicht woanders und nun auch nicht mehr zu Hause, da unsere Wohnung verwanzt war. Ständig kontrolliert zu werden, Besuch zu bekommen von Stasi-Mitarbeitern, die sie aushorchten und ausspionierten, und vor allem keine eigene Meinung haben zu dürfen, das konnten meine Eltern im Laufe der Jahre immer weniger ertragen. Die Idee einer Flucht arbeitete in ihren Köpfen, heimlich, leise, geduldig. Von gegrabenen Tunneln in Berlin hatten sie gehört, von spektakulären Heißluftballon-Flügen oder von einer Flucht im Kofferraum eines Diplomatenwagens - all das gab es, einzigartig und riskant. Wie die Geschichte eines Jugendfreundes meiner Eltern, der auf die Straße ging und absichtlich provokant und lauthals den Staat kritisierte, so lange und laut, bis er endlich verhaftet und nach Monaten im Gefängnis abgeschoben wurde. Seine Familie schickte man hinterher. Genau das war das Ziel seiner verzweifelten Rebellion, nachdem seine Ausreiseanträge immer und immer wieder abgelehnt worden waren. Jeder Weg, diesen Unrechtsstaat zu verlassen, dem Unrecht und der Unfreiheit zu entfliehen, barg ein großes Risiko. Meine Eltern fühlten sich soweit in die Enge gedrängt, dass sie bereit waren, sogar selbst dieses Risiko in Kauf zu nehmen, um die DDR zu verlassen, doch nicht um jeden Preis. Also harrten sie aus und warteten auf ihre Chance.

Dann passierte etwas Unerwartetes: ein kleiner Schnitt durch einen Zaun. Schon im Mai 1989 begannen Grenzsoldaten, den Stacheldrahtzaun zwischen Ungarn und Österreich abzubauen. Am 27. Juni wurde die neue Offenheit für den Westen noch einmal durch den Außenminister Ungarns, Gyula Horn, und den österreichischen Außenminister, Alois Mock, medienwirksam in Szene gesetzt, indem beide gleichzeitig den Grenzzaun zwischen ihren Ländern durchtrennten. Der »Eiserne Vorhang« wurde löchrig. Ein Zeichen für die Erosion des Sozialismus, ein Zeichen des Wandels und ein Hoffnungsschimmer für all jene, die sich als Opfer der politischen Regime fühlten. An diesem Tag schrieben die beiden Außenminister Geschichte – auch meine.

Denn wie viele andere DDR-Bürger auch sahen meine Eltern die Bilder im Fernsehen. Im Westfernsehen wohlgemerkt, denn in den DDR-Medien wurde das Thema vermieden. Kein Wort, kein Bild gab es zu den spektakulären Veränderungen in der Welt. So, als wären sie nicht geschehen, nur weil nicht darüber berichtet wurde. Trotzdem wurde darüber gesprochen, wenn auch eher hinter vorgehaltener Hand. Denn diese Bilder weckten die Hoffnung vieler Menschen, das Land verlassen zu können, ohne sich in extremste Gefahr zu bringen. Gleichzeitig weckte es Panik. Denn in der DDR ging kaum jemand davon aus, dass sich die Demokratisierung Ungarns auch auf den eigenen Staat positiv auswirken könnten und Ausreisebestimmungen möglicherweise gelockert würden. Ganz im Gegenteil. In den Menschen weckte es die Angst, bald komplett eingesperrt zu sein. Die Sorge, dass Erich Honecker die eigenen Staatsgrenzen komplett dicht macht, war größer und deutlich realistischer als alle anderen theoretischen Möglichkeiten.

Für meine Eltern war die Öffnung der ungarischen Grenzen das verlockende Nadelöhr in eine freie Welt. Da war sie, die Chance, auf die sie gewartet hatten. Ohne jemanden einweihen zu müssen, konnten sie eigenständig ihren Weg suchen und sich so selbstbestimmt befreien, so ihre Hoffnung. Heimlich planten sie ihre Flucht mit mir, jedoch ohne mir davon zu erzählen, im Sommer 1989. Aus unserem jährlichen Ungarn-Urlaub am Balaton-See wollten sie in diesem Jahr nicht wieder zurückkehren. Das war ihr Plan. Dass es anders kommen könnte, war in ihren Gedanken keine Option. Und doch kam es anders.

»Freundschaft der DDR mit Indien dient dem Frieden«

Neues Deutschland 15.08.1989, Seite 1

»Die Verlockung der Freiheit – Der Flüchtlingsstrom aus der DDR wird zur Probe «

DIE ZEIT, Ausgabe 33, 1989

ETAPPE 2 – DER ABSCHIED

Abschied – es hängt viel Melancholie und Schwere in diesem einen Wort. Natürlich gibt es auch kleine positive Abschiede im Alltag, doch das Wort an sich wirkt traurig und irgendwie endgültig. Nichts, was man sich wünscht. Oft ist Abschied mit der Trennung von etwas Vertrautem oder einem lieben Menschen verbunden. Trotzdem hätte ich mir einen Abschied gewünscht, denn genau genommen, gab es für meine Eltern und mich damals keinen, zumindest keinen offiziellen. Es gab höchstens einen heimlichen, ganz leisen, den niemand außer uns selbst bemerkte. Meine Eltern nahmen auf ihre Art Abschied von ihrem Leben und den Menschen in ihrer Heimat und ich auf meine.

Für meinen Film treffe ich meine damals beste Freundin Eileen wieder. Ich möchte mit ihr darüber sprechen, wie sie die Zeit damals wahrgenommen hat, wie sich der Abschied, den es nie gab, für sie anfühlte. Eileen ist der Mensch, den ich als letztes in der DDR gesehen habe. Meine Vertrauensperson, mein Lieblingsmensch, von dem ich mich nicht verabschieden durfte. Und doch habe ich es getan, nur anders.

Mittlerweile wohnt sie mit ihrer Familie in Berlin, dort sind wir verabredet. Sie mag keine Kameras, aber sie macht trotzdem mit, mir zuliebe, weil sie weiß, wie wichtig mir diese Reportage ist. Für mich ist Eileen eine Schlüsselperson, wenn ich an unsere Flucht und die Zeit damals denke. Wir setzen uns auf eine Bank im Park. Tauschen kurz den neuesten Alltagsstatus unserer Familien aus und giggeln vor uns hin, wie früher schon. Bevor das Interview beginnt, nehmen wir uns noch schnell vor, nicht zu heulen. Warum auch, schließlich sehen wir uns ja einmal im Jahr, auch wenn wir normalerweise nie über dieses Thema reden. Jedes Mal sind wir vertraut wie damals. Wir könnten uns auch Jahre nicht sehen und es wäre das gleiche, da bin ich mir sicher. Die Bande sind fest geknüpft, seit mehr als 30 Jahren. Wir waren das, was man wohl unzertrennlich nennt. Nie davor oder danach hatte ich eine so enge Freundschaft. Es war eine prägende Zeit, die ersten Schuljahre. Wir haben alles geteilt. In der Schule, nach der Schule, an den Wochenenden, wir waren zusammen, wann immer es ging. Wir lachten bis unsere Bäuche schmerzten. Wir schminkten uns mit 13 so quietschbunt, dass die Jungs, mit denen wir uns dann trafen, sich über uns lustig machten. Stundenlang verbrachten wir damit, uns an manchen Tagen gegenseitig unsere langen Haare zu entlausen. Wir beide mit unseren langen blonden Locken waren oft die einzigen Kinder der Klasse, auf denen der Schularzt die mistigen Viecher entdeckt hatte. Ständig wurden wir für Schwestern gehalten und spielten diese Rolle gerne mit. Und natürlich teilten wir jedes Geheimnis - bis auf dieses eine.

Im Sommer 1989 verbrachten wir einen Teil unserer Ferien gemeinsam in Polen. Es waren eine Reise, die von der Schule organisiert wurde. Mehrere Klassenkameraden und andere Schüler waren bei diesem 10-Tages-Trip ins »sozialistische Bruderland« dabei. Zuvor hatten meine Eltern mir gegenüber angedeutet, dass wir nach meiner Rückkehr nach Ungarn fahren wollten, um von dort aus zu fliehen. Ich nahm es wahr, schob es aber beiseite, denn es war sehr ungewiss, dass die Reise klappt. Dafür mussten sie während meiner Abwesenheit die entsprechenden Reisegenehmigungen beantragen. Dass das so schnell geht oder überhaupt klappt, war unwahrscheinlich. Denn erst kurz vor der Schulreise nach Polen waren meine Eltern und ich bereits aus unserem ersten Urlaub in Ungarn zurückgekehrt, unfreiwillig. Nach einem ersten, gescheiterten Fluchtversuch.

Meine Eltern müssen mir extrem vertraut und wahrscheinlich auch gebangt haben, dass ich niemandem etwas von dem Plan erzähle. Wo meine Klasse doch voll war von Kindern, deren Eltern entweder für die Staatssicherheit oder in einem anderen Job für den Staat arbeiteten. Wie auch Eileens Vater. Er arbeitete im Staatsdienst, doch mir oder uns als Freundinnen war das völlig egal. Es hatte keine Bedeutung, wessen Eltern wo arbeiteten. Denn es hatte nichts mit unserem Alltag als Kindern zu tun, das glaubten wir damals zumindest. In diesem Kurzurlaub in Polen jedenfalls hatte ich, hatten wir eine Menge Spaß. Ich genoss die Zeit, denn das letzte halbe Jahr hatte ich mich wie verrückt auf diesen Ausflug gefreut. Das Geheimnis meiner Eltern behielt ich währenddessen für mich. Auch wenn ich nicht ahnen konnte, welches Ausmaß ein Preisgeben ihrer Pläne auf unser Leben gehabt hätte, wusste ich, dass ich es auf keinen Fall jemandem erzählen durfte. Und so schwieg ich.

Nach 10 Tagen ging die Reise zu Ende. Je näher der Zug Richtung Magdeburg rollte, desto stärker wurden meine Gedanken an das Danach. Was kommt als Nächstes? Werden meine Eltern das wirklich durchziehen und werden wir bald weg sein? Mit jedem Kilometer weniger Distanz wurde mir bewusst, es könnte vielleicht das letzte Mal sein, dass ich meine Freunde und vor allem meine allerbeste Freundin, meinen Lieblingsmensch sehe. Mir wurde flau im Magen. Der Wunsch, ihr irgendwie

Tschüss zu sagen, war groß, aber wie sollte ich, da ich nichts verraten durfte? Vielleicht konnte ich ihr ein Zeichen geben, dass sie versteht, so dass auch sie sich verabschieden kann von mir? Der Zug rollte in den Bahnhof von Magdeburg ein. Unsere Eltern warteten auf dem Bahnsteig auf uns. Die Zeit wurde knapp. Plötzlich war ich aufgeregt. Wie konnte ich Eileen sagen, dass wir uns vielleicht nie wiedersehen? Ich konnte es nicht.

Als wir uns verabschiedeten, umarmten wir uns, wie immer. Das war meine Chance. Ich drückte sie fest, viel fester als sonst - ich wollte sie nicht mehr loslassen. In meinem Kopf sagte ich ihr alles, was ich nicht laut aussprechen durfte und hoffte, dass sie spürte, was diese Umarmung bedeutete. Es war ein Abschied. Einer dieser schweren, melancholischen.

Eileen wunderte sich zwar darüber, doch sie verstand es nicht, mein kleines Zeichen. Mein geheimes Lebewohl. Sie fragte nur, was denn los sei und dass wir uns doch morgen sehen würden. Ohne zu diesem Zeitpunkt bereits zu wissen, dass es nicht so kommen würde, ahnte ich offenbar, dass sich unsere Wege in diesem Moment trennten.

30 Jahre später im Park erzählt sie mir, wie sie diese Situation tatsächlich irritiert hat. Verstanden hat sie alles erst Tage später. Denn schon am nächsten Tag klingelte meine beste Freundin an meiner Wohnungstür in Magdeburg. So wie immer. Doch dieses Mal öffnete niemand. Und auch nicht am nächsten Tag, als sie

wiederkam. Sie klebte einen kleinen Zettel mit einer Notiz für mich an die Tür, damit ich wusste, dass sie da war und mich sehen wollte. Den Tag darauf kam sie wieder und fand den Zettel unberührt. So wie am nächsten Tag. Und den Tag danach. Jemand aus der Klasse löste das Rätsel in ihrem Kopf und erzählte ihr, dass wir weg sind. Abgehauen. Geflohen in den Westen.

Wie sie mir heute im Park auf der Bank erzählt, konnte sie es damals nicht begreifen. Sie konnte nicht verstehen, warum jemand geht, warum ich gegangen bin, ohne mich zu verabschieden. Vor allem verstand sie nicht, warum ich kein Sterbenswörtchen darüber gesagt habe. Ich, ihre beste Freundin, die, mit der sie alles geteilt hat, so wie ich mit ihr. Sie hatte keine Ahnung vom großen Ganzen damals, von dem was sich hinter den Kulissen unserer kleinen heilen Welt wirklich abspielte, genauso wenig wie ich. Wir waren bis zu diesem Tag weit von der bitteren Realität unserer Eltern entfernt. Eileen spürte die negativen Konsequenzen des DDR-Regimes so lange nicht, bis es ihr ihre beste Freundin nahm.

»Hast du dich von mir zurückgelassen gefühlt?«, frage ich sie, jetzt 30 Jahre später. »Ja, na klar!« Ihre knappe Antwort macht mir schmerzlich bewusst, auch für sie war es ein großer Verlust. Ihre Worte treffen mich mitten ins Herz. Wir sehen uns an und unser Vorhaben, nicht zu emotional zu werden, löst sich blitzartig in Tränen auf. Ich vergesse die Kamera. Ich bin hier, jetzt, mit meiner besten Freundin und es tut mir leid, dass ich sie verlassen habe, ohne mich zu verabschieden. Ohne mich verabschieden zu dürfen. Wir umarmen uns, drücken uns ganz fest und jede von uns spürt den Verlust der anderen von damals.

Das Treffen mit meiner besten Freundin hat mich innerlich aufgewühlt und überrascht. Die Erkenntnis, dass Eileen sich von mir zurückgelassen fühlte, war mir neu. So ehrlich und geradeheraus hatte sie mir das nie gesagt. Darüber hatte ich in der Tat nie nachgedacht. Und es bewegt mich, dass es auch für sie so schwer war. Für sie war es auch ein Vertrauensverlust, weil ich sie nicht eingeweiht hatte, obwohl wir doch sonst jedes Geheimnis teilten. Schon Jahre zuvor hatten wir einmal darüber gesprochen, wie wir uns gefühlt haben, in irgendeiner Kneipe bei einem ihrer Besuche. Jede schildert aus ihrer Perspektive, beeinflusst von der Sicht unserer Eltern, wie wir alles wahrgenommen haben, warum wir unsere Eltern verstehen konnten und auch damals überrollten uns die Emotionen, als uns klar wurde, wie fremdbestimmt wir eigentlich waren, wie jede von uns von ihrer Seite des Systems geprägt und darin gefangen war. Ihr Vater arbeitet für den Staat, meine Eltern wollten weg aus diesem und wir beide konnten nichts tun als die Konsequenzen zu tragen. Im Nachhinein können wir nur versuchen, die andere Seite zu verstehen. Ohne Vorwürfe.

Natürlich wussten wir als 13-jährige Teenager im August 1989 nicht, dass unsere Trennung nicht lange dauern würde. Niemand wusste das damals. Deshalb war das Gefühl, eine Freundin zurück zu lassen oder selbst zurückgelassen zu werden, zu der Zeit so stark und ist es offensichtlich bis heute geblieben. Vielleicht ist es heute sogar stärker, weil sich unser Bewusstsein verändert hat. Heute verstehen wir, da wir nun selbst Mütter sind, viel besser, was dieser Staat den Menschen und damit auch uns Kindern angetan hat. Eileen und ich waren lediglich zwei Freundinnen, ein Minischicksal im historischen Gesamtgeschehen. Wie musste es da erst den vielen Tausenden Familien ergangen sein, die durch Ausreisen, Abschiebung oder durch eine Flucht regelrecht zerrissen wurden? Wie fühlten sich diejenigen, die für ihre Freiheit kämpften, ins Gefängnis kamen und so gezwungen wurden, sich von ihren Familien, ihren Frauen oder ihren Kindern trennen zu müssen, weil die Politiker in diesem Staat in ihnen eine Gefahr für ihr herzloses System sahen? Ich mag mir nicht ausmalen, was diese Menschen ertragen mussten, nur weil sie frei sein wollten.

Ein Grundrecht des Menschen. »Von dem Willen erfüllt, die Freiheit und die Rechte des Menschen zu verbürgen…«, so stand es auch in der Verfassung der DDR, aber nur als Worthülse.

Auch meine Eltern hatten vor ihrer Flucht keine Ahnung davon, was tatsächlich auf sie zukommen würde, wie sie das alles verkraften würden. Und sie ließen sich auch keine Zeit, darüber nachzudenken. Sie hatten ihren Plan und ein sentimentaler Abschied war darin nicht vorgesehen. Sie waren zielstrebig und sie wollten sich auf keinen Fall davon abbringen lassen. Ihr Blick ging nur nach vorn.

Ganz früh am Morgen des 14. August 1989 packte mein Vater unsere Koffer ins Auto. Es war noch dunkel draußen als wir losfuhren. So leise wie möglich rollten wir den Schotterweg der Bungalowsiedlung am Stadtrand Magdeburgs entlang. Unsere letzte Nacht in der DDR hatten wir dort statt in unserer Wohnung verbracht. Und das hatte einen Grund, der sich nicht mit Fakten belegen lässt, aber mit einem Bauchgefühl: Meine Eltern wollten kein Risiko eingehen, im letzten Moment doch noch erwischt zu werden. Alarmierend dafür war der letzte Besuch eines Stasi-Mitarbeiters. *Patenonkel* so nannten viele die Mitarbeiter der Staatssicherheit, die dafür abgestellt waren, sich um bestimmte, sagen wir schwierige DDR-Bürger, auf ihre Art »zu kümmern«, also sie im Blick zu behalten. Regelmäßig und unangekündigt tauchten sie nicht nur bei uns zu Hause, sondern auch auf der Arbeit meiner Eltern auf. Als Gaststättenleiter einer staatlichen Organisation waren sie besonders im Visier. Und spätestens seit dem Verhör und den anonymen Verleumdungen im Jahr 1987 standen sie sowieso unter Beobachtung. Jedenfalls tauchte der *Patenonkel* meiner Eltern an ihrem letzten Arbeitstag vor unserem spontanen zweiten Urlaub nochmal im Restaurant auf, plauderte und erkundigte sich nach diesem und jenem, alles wie üblich. Es war die Abschiedsszene, die meine Mutter verwirrte. Melancholie lag definitiv nicht darin, auch keine Schwere, nur Argwohn und Misstrauen. Der Stasi-Mitarbeiter stand vor dem Hintereingang des Restaurants an seinem Auto, klopfte auf das Autodach und wünschte meiner Mutter einen »Schönen Urlaub!« Seine Gestik und Mimik ließen meine Mutter Verdacht schöpfen, dass er bereits Bescheid wusste von ihren Plänen. Das war der Grund, weshalb wir unser Zuhause verfrüht bereits am 14. August verließen, zum Bungalow am Stadtrand fuhren und von dort am nächsten Morgen aufbrachen mit dem Plan, nicht zurückzukehren.

Wie sich das für mich angefühlt hat? Ich bin ehrlich. Als 13-jährige war mir nicht ansatzweise klar, was das tatsächlich bedeutete. Ich hatte keine Vorstellung davon, wie es sich anfühlen würde, nie mehr in meinem Zuhause zu sein, nie mehr in meinem Bett zu schlafen, nie mehr meine Spielsachen zu sehen. Ich war schlichtweg ahnungslos, unwissend, naiv, ein Kind, abgeschirmt von negativen Erfahrungen. Erstaunlicherweise zweifelte ich nicht an dem, was von da an kommen sollte und an dem, was meine Eltern für unsere Zukunft entschieden hatten. Es war so, als wäre ich mit dem Abschied von meiner Freundin an der Entscheidung beteiligt gewesen oder zumindest war mein Schweigen ein stilles Einverständnis.

Selbst mit dem Bewusstsein von heute, als Erwachsene und Mutter von zwei Kindern, kann ich kaum erahnen, wie sich so ein Abschied anfühlen muss. Was empfindet man, wenn man wie meine Eltern damals Anfang 40 ist und mitten im Leben steht, so wie ich heute, und alles ganz bewusst zurücklässt? Diese Frage habe ich meinen Eltern auch im Interview für unseren Film gestellt. Wie war es, das letzte Mal die Tür zu schließen und zu wissen, dass sie ihre ganze Existenz hinter sich zurücklassen, zu wissen, hier komme ich nie wieder her? Die Pause ist lang bevor meine Mutter antwortet. Ihre Mimik zeigt, wie gut sie sich erinnert. Sie ist dort, vor der Tür, im Sommer 1989. »Es tut wahnsinnig weh«, sagt meine Mutter. Ihre Augen füllen sich mit Tränen und ihre Stimme wird brüchig. »Es tut unheimlich weh. Das alles, was man sich schon mal erarbeitet hat mit 42 Jahren, da stehen lassen zu müssen, das ist schon hart. Das ist ein Schritt, den muss man sich reiflich überlegen.« Mein Vater blickt nach unten, ist in sich gekehrt und vermutlich gedanklich ebenfalls gerade in der Richard-Sorge-Straße 7. »Aber wir wussten, wir hatten das Potential, wir wussten, wir können was«, ergänzt er, »Wir schaffen es überall.« Was für ein Statement. Es drückte all das Selbstbewusstsein aus, das die beiden auch vor 30 Jahren schon gehabt haben mussten, einen Willen, sich nicht gängeln und einschränken zu lassen, sondern selbstbestimmt zu leben. Diese Energie und dieser Selbstglaube ließ sie den nächsten Schritt machen.

Eine Wohnung, ein Auto, einen sicheren Job, ein Wochenendhaus am Stadtrand, viele Freunde, viele Erinnerungen an ein privat glückliches Leben - all das ließen sie an diesem Sommertag zurück, um frei sein zu können. Sie konnten die Tür hinter sich nur schließen, weil sie so fest entschlossen waren, das Richtige für sich und für mich zu tun. Sie hatten eine Entscheidung getroffen. Sie wollten weg. All das, was sie erreicht hatten, durfte zu diesem Zeitpunkt keine Rolle spielen. »Da darfste in dem Moment nicht drüber nachdenken« sagt mein Vater heute, »Du musst die Wohnung zuschließen und dir sagen, das wars... hier. Das nächste Leben kommt.« Sie ließen keine Erinnerungen zu. Kein Zweifel durfte sich einschleichen – in dem Moment kappten sie jedes Gefühl, das sie von ihrem Ziel hätte abbringen können. Im Fokus: die Freiheit. Vor diesem Hintergrund ist es vielleicht verständlich, dass sie sich nicht von ihren Mitmenschen verabschiedet haben, weder von ihren besten Freunden, noch von ihren Mitarbeitern und nicht einmal von ihrem Sohn, meinem Bruder Andreas. War das richtig oder falsch?

Wie konnten sie nur ihren Sohn zurücklassen? Diese Frage wurde mir schon oft gestellt, denn im ersten Moment klingt es für Außenstehende immer unbarmherzig und kalt. Ich beantwortete diese Frage immer gleich. Mein Bruder war damals 23 Jahre alt. Er hatte bereits eine eigene Familie gegründet, war verheiratet und Vater von Isabell, 3 Jahre alt, meine damals einzige und damit Lieblingsnichte. Es mag absurd klingen, vor allem für Nicht-DDR-Bürger, aber meine Eltern weihten ihn ganz bewusst nicht in ihre Pläne ein, gerade weil sie seine Eltern waren. Denn gute Eltern versuchen, ihre Kinder vor Schlechtem zu beschützen. Auch meine Eltern wollten ihren Sohn nur beschützen. Anders als er wussten sie besser, was auf ihn zugekommen wäre, wenn er Details ihres Plans gewusst hätte. Falls sie die Flucht nach Westdeutschland geschafft hätten, hätte die Polizei als Familienmitglied zuerst ihn in die Mangel genommen, ihn befragt und bis auf die Haut durchleuchtet. Was wusste er, war er an den Plänen beteiligt, hat er sie unterstützt und war sogar Mithelfer? Auf ehrliche Antworten wären entsprechend harte Repressalien gefolgt. Er hätte seinen Job verloren, wäre bestraft worden, wahrscheinlich im Gefängnis gelandet, hätte seine Familie nicht mehr versorgen können. Vielleicht hätten sie ihm und seiner Frau sogar die Tochter weggenommen. Sogenannte Zwangsadoptionen waren damals eine illegale, aber nicht seltene Bestrafung für Regimegegner. Bis heute leiden Betroffene unter den Folgen solcher Adoptionen gegen ihren Willen. Deshalb ließen meine Eltern meinen Bruder in Unwissenheit zurück. So war er hinterher nicht gezwungen, zu lügen, wenn es darauf ankam. Wer nichts weiß, kann auch nichts Falsches sagen. Doch muss ihnen das nicht unglaublich schwergefallen sein? Hatte es ihnen nicht das Herz gebrochen, zu gehen, in dem Glauben, ihn eventuell nie wieder zu sehen? »Der durfte nichts wissen«, sagt mein Vater 30 Jahre später, als ich ihn nach einem schlechten Gewissen frage. Mein Vater reagiert rational auf diese Frage, genauso wie er es damals entschieden hatte, entscheiden musste.

Mein Bruder blieb zurück in dem Glauben, wir würden lediglich noch eine Woche in den Urlaub fahren. Wenige Wochen, nachdem wir bereits aus unserem alljährlichen Ungarnurlaub zurückgekehrt waren, wenn auch nicht freiwillig. Das hinter der ersten Reise ein gescheiterter Fluchtversuch steckte, davon wusste mein Bruder nichts. Bei der bevorstehenden Reise sollte es – offiziell - in die Tschechoslowakei zum Zelten es gehen. Das hatten meine Eltern ihm wenige Tage vor unserer Abreise erzählt, während ich noch in Polen mit meinen Klassenkameraden unterwegs war. Es war das Mindeste, das er wissen musste, denn als Küchenleiter vertrat er selbst in der Zeit meine Eltern als Gaststättenleiter. »Es war schon komisch, dass ihr plötzlich nochmal in den Urlaub gefahren seid«, erinnert er sich. Zweimal im selben Jahr ins Ausland zu fahren, das war für DDR-Bürger schon sehr ungewöhnlich und irgendwie auffällig. Vor allem im Jahr 1989. Denn die Besetzung der bundesdeutschen Botschaft in Budapest durch Ausreise willige DDR-Bürger seit Anfang

August hatte auch mein Bruder durch die Westdeutschen Medien bereits mitbekommen. Die Idee, dass wir statt in den Urlaub zu fahren, fliehen könnten, hatte sogar kurz die Gedanken meines Bruders durchkreuzt, aber er hatte sie weggeschoben. Er hätte sich nie vorstellen können, dass meine Eltern so einen Schritt machen würden, ohne ihm Bescheid zu sagen und ohne sich zu verabschieden.

Dabei war zwei Monate vorher, am Tag seiner Hochzeit, sogar etwas ausgesprochen Merkwürdiges passiert, das ihn zum Nachdenken brachte. Meine Eltern schenkten meinem Bruder und seiner Frau als Hochzeitsgeschenk unseren Bungalow, unser kleines Wochenendhaus am Stadtrand Magdeburgs. Obwohl ganz offensichtlich war, wie sehr vor allem mein Vater an diesem Häuschen hing. Stein für Stein hatte er den Bungalow über Jahre selbst aufgebaut, oft mit Hilfe meines Bruders. Ob er das nicht komisch fand, frage ich ihn. Es habe ihn schon irgendwie gewundert, erinnert er sich, aber statt zu zögern und ernsthaft nachzufragen, habe er sich letztlich einfach darüber gefreut. Schließlich war er gerade mal 23 Jahre alt und es war seine Hochzeit. Meine Eltern wussten genau, wie sehr auch er den Bungalow liebte. Oft verbrachten wir alle zusammen die Wochenenden dort. Spargel schälend oder auch nicht. Meine Nichte Isabell streunte durch den Garten, mein Bruder half meinem Vater bei irgendwelchen Arbeiten am Haus oder Keller und die

Frauen quatschten, tranken Sekt und kochten hier und da etwas. Mit unserem Bungalow verbanden wir alle eine sehr glückliche und entspannte Familienzeit.

Selbst nach unserer ersten Ungarnreise im Sommer 1989 ist Andreas nichts aufgefallen, mit keiner Silbe hatten meine Eltern den gescheiterten Fluchtversuch erwähnt. Er nimmt es ihnen auch heute nicht übel. Im Gegenteil, er kann sogar nachvollziehen, warum sie ihn nicht eingeweiht haben in ihre Pläne. »Man wusste ja nie so genau, wer wirklich für die Stasi arbeitet. Also hat man sowas auch keinem erzählt.« Mein Bruder deutet damit an, dass meine Eltern ihm vielleicht auch nicht genug vertraut haben könnten. Er hat Verständnis dafür, dass sie ihn, obwohl er ihr Sohn ist, außen vorgelassen haben, zumindest bei dem ersten Fluchtversuch. Natürlich haben sie sich auch mit meinem Bruder schon mal über das politische System ausgetauscht, doch Andreas hielt sich stets zurück mit allzu kritischen Äußerungen. Anders als meine Eltern war er sogar Mitglied der SED. Kurioserweise war er sogar auf das Anraten meiner Eltern überhaupt erst in die Partei eingetreten. Meine Eltern hatten ihm die Vorteile klar gemacht. War er Mitglied der SED, stand seiner beruflichen Karriere nichts im Weg. Er selbst, erzählt er mir, hatte bis zu dem Zeitpunkt nie an eine Flucht gedacht. Er hatte andere Sorgen. Bereits mit 20 Jahren war er zum ersten Mal Vater geworden.

Sein Fokus lag ganz auf seiner kleinen Familie. Er führte bis dahin in der DDR ein zufriedenes Leben. Er hatte keine nennenswerten Nachteile und war, im Gegensatz zu unseren Eltern, nie negativ konfrontiert gewesen mit den Schattenseiten dieses totalitären Staates. Bis zum 21. August 1989. Als Stellvertreter meiner Eltern arbeitete er gerade in unserem Restaurant, als er den Anruf bekam, den er bis heute nicht vergessen kann. Er hörte Stimme meiner Mutter: »Andreas, wir sind gut und sicher in Österreich angekommen.« Dann unterbrach das Gespräch. Stille. Wir waren weg. Geflohen. Ohne ihn. Ohne Abschied.

Warum das Gespräch unterbrach, war meinem Bruder sofort klar. Die Stasi hatte offenbar mitgehört, und als klar war, dass es in dem Anruf um eine Republikflucht ging, wurde die Verbindung gekappt. Generell wurden Auslandstelefonate zu dieser Zeit noch per Hand gestöpselt und dabei eben auch gleich abgehört vom Staatsschutz. Sobald etwas Staatsfeindliches besprochen wurde, wurde das Telefonat ohne Ankündigung unterbrochen.

Die Zeit danach war hart für meinen Bruder. Nicht Abschied nehmen zu können und zu wissen, dass er meine Eltern und mich, seine Familie, wohl nie wiedersehen würde, war für ihn kaum zu verkraften. Er wird sehr nachdenklich als er mir 30 Jahre später davon erzählt. Es ist eigenartig, aber auch wir als Geschwister haben nie wirklich über das gesprochen, was damals passiert war, geschweige denn darüber, wie es jedem von uns ging. Ich habe das Gefühl, dass mein Bruder noch nie so reflektiert darüber nachgedacht und gesprochen hat wie in diesem Moment – mir gegenüber jedenfalls nicht. Es fühlt sich an, als hätten wir soeben ein Fotoalbum mit völlig vergilbten Bildern aufgeklappt, die mit jedem Satz etwas Farbe zurückgewannen.

Bevor mein Bruder nach der Flucht meiner Eltern um seine verlorene Familie trauern und für sich Abschied nehmen konnte von seinem bisherigen Leben mit uns, wurde er ins Polizeipräsidium geladen. Ungefähr eine Woche nach unserer Flucht fand er sich dort morgens im Büro eines Mitarbeiters ein und wurde ganz offiziell darüber in Kenntnis gesetzt, dass seine Eltern Republikflucht über Österreich nach Ungarn begangen hatten. Die wenigen Fragen darüber, was er von der Flucht gewusst habe, beantwortete er mit der Wahrheit. Nichts. Einfach gar nichts wusste er darüber. Man ließ ihn gehen, doch geglaubt hat man ihm offenbar nicht. Wenige Tage später bemerkte er, dass ihm ein fremdes Auto ständig folgte. Erst war ihm nur aufgefallen, dass ein bestimmter Lada regelmäßig gegenüber seiner Wohnung auf der Straße parkte. Doch als er diesen dann auch auf dem Weg zur Arbeit im Rückspiegel sah oder als ihm dasselbe Auto sogar auf dem Weg zu dem am Stadtrand gelegenen Bungalow hinterherfuhr, da wusste er, dass das kein Zufall mehr sein konnte. Mein

Bruder wurde beschattet. Der naheliegende Grund: weil wir geflohen waren.

Nachdem sich der erste Schock über unser Verschwinden gelegt hatte, versuchte mein Bruder, ohne uns in seiner alten Welt klar zu kommen. Es gelang ihm nicht. »Ich fiel in ein Loch«, beschreibt Andreas sein Gefühl. Er sei nicht wütend gewesen auf meine Eltern, nur enttäuscht. Er habe sich verlassen gefühlt, so ganz ohne Abschied nehmen zu können. Er fühlte sich, als hätte man ihn ins kalte Wasser geworfen. Zum ersten Mal war er ohne das Sicherheitsnetz seiner Eltern. Auf sich allein gestellt. Und er vermisste uns schlichtweg. Während er mir das alles erzählt, wird mir mehr und mehr klar, wie viele Menschen unsere Flucht beeinflusst hat. Es war eine Entscheidung, die meine Eltern für sich getroffen haben. Aber eben nicht nur für sich. Die Konsequenzen daraus bekamen auch andere zu spüren und mussten damit umgehen lernen, ob sie wollten oder nicht.

Wie ging es meinem Bruder die Wochen danach – wie verkraftete er den ungewollten Abschied? Wochenlang schlug sich Andreas mit einem Kumpel die Nächte um die Ohren. Er trank gegen die Erinnerung, gegen das Verlassensein und versuchte so, irgendwie klar zu kommen mit dem, was von einem Tag auf den anderen anders war. Ein Teil seiner Familie war weg. Keine letzten Worte, keine gemeinsamen Zukunftspläne, er musste sein

Leben neu sortieren. Unvorbereitet war er plötzlich auf sich allein gestellt in einem Staat, aus dem die Menschen flohen. Das machte sich auch im Job bemerkbar. Erst musste mein Bruder die stellvertretende Gaststättenleitung abgeben und bekam jede Verantwortung abgenommen. Dann trat er bald einen neuen Job an. Die Schwierigkeit, erzählt er mir, war nicht nur, mit den neuen Anforderungen und Schichten klar zu kommen, sondern damit, dass allein in der Gastronomie fast jeden Tag mehr Mitarbeiter fehlten. »Die sind jetzt auch abgehauen«, wurde die meist gehörte Antwort auf die Frage nach nicht zum Dienst erschienenen Kollegen, auch in anderen Branchen. Die Risikobereitschaft der Menschen schien zu wachsen und wirkte offenbar ansteckend. Von heute auf morgen waren es immer weniger DDR-Bürger, die dortbleiben wollten, immer mehr verließen das Land und schwächten so das System. Ganze Teams wurden lahmgelegt, in Firmen litt die Produktion, weil ständig Arbeiter fehlten, Tag um Tag brachen mehr Menschen aus dem sozialistischen System der DDR aus und suchten ein freies Leben in der Demokratie Westdeutschlands.

Irgendwann, viele Wochen später, sah mein damals 23-jähriger Bruder kein Licht mehr am Ende des Tunnels. Die Situation ringsherum verschlechterte sich täglich, ohne Aussicht auf Besserung. Da fasste er einen Entschluss. Auch er wollte sich mit seiner Frau und Tochter auf den Weg nach Westdeutschland machen und genau das tat er auch. »Bleibt doch hier - haut nicht alle ab!«, schrie es ihnen von den Bannern in den letzten Dörfern vor der tschechischen Grenze entgegen, doch Andreas ignorierte sie. Am 6.11.1989, drei Tage vor dem Mauerfall kamen sie bei uns im Westen an.

Meine Eltern und ich hatten uns bereits Monate vorher auf den Weg gemacht. Heimlich und entschlossen traten wir am 15. August 1989 unsere Reise in ein neues Leben an, so wie viele andere zeitgleich auch. Im Rückspiegel verblasste unser Bungalow, das Leben meiner Familie, wie wir es kannten, unsere Vergangenheit – vor uns lag ein neues Ziel, Ungarn und eine ungewisse Zukunft.

»DDR-Schwimmer in Bonn erfolgreichste Mannschaft«

Neues Deutschland, 21.08.1989, Seite 1

»Auf verschlungenen Wegen in die Freiheit«
Auch die österreichisch-ungarische Grenze ohne Stacheldraht ist nicht unbewacht.

DIE ZEIT, Ausgabe 35, 1989

ETAPPE 3 – DER WEG

30 Jahre später mache ich mich mit meinem Kamerateam auf den Weg nach Ungarn. Wir wollen versuchen, den Ort wiederzufinden, den ich einerseits klar vor Augen habe und doch nie bei Tageslicht gesehen habe. Der Ort, an dem meine Eltern und ich unser altes Leben verlassen haben und in ein neues gestartet sind. Ich bin neugierig und freue mich darauf, wenngleich mich das Gefühl beschleicht, dass die Konfrontation mit den Ereignissen nicht spurlos an mir vorbei gehen wird. Während wir, nach unserem Zwischenstopp bei meiner Freundin, in Berlin bequem in einen Flieger nach Wien steigen, heute das Normalste der Welt, stiegen meine Eltern mit mir am 15. August 1989 in unseren gelben Lada. 860 Kilometer lagen vor uns. Unser Ziel Ungarn. Vorausgesetzt, es ging alles glatt. Meine Mutter rechnete nicht unbedingt damit. Nach der letzten Begegnung mit der Staatsicherheit an ihrem letzten Arbeitstag vor unserer Reise war

sie insgeheim besorgt, dass diese bereits die Grenzsoldaten an der tschechischen Grenze über unser Vorhaben informiert haben könnte und wir nur bis dorthin und nicht weiter kommen würden. Die Unsicherheit, was nun passieren würde, nagte innerlich an ihr. Die ganze Fahrt über war sie extrem angespannt. Genau wie mein Vater. Jeder von uns war in sich gekehrt, nahm still nochmal Abschied, spielte gedanklich durch, was wir sagen könnten, falls man uns an der Grenze befragt, was wir vorhaben, oder falls man uns mit unserem tatsächlichen Vorhaben konfrontiert, weil doch schon alles aufgeflogen war. Von außen sah man uns nichts an. Alles wirkte wie eine gewöhnliche Urlaubsreise. Im Gepäck im Kofferraum waren nur Sommersachen eingepackt. Spielzeug, mein Lieblingskuscheltier, kurze Hosen und T-Shirts, aber keine Erinnerungsstücke, keine Fotos, keine offiziellen Dokumente fanden sich darin, die man in einem anderen Staat vielleicht hätte brauchen können. Also, bis auf eins. Ohne das Wissen meiner Eltern hatte ich mein letztes Schulzeugnis eingepackt. Heute kann ich mir nicht mehr genau erklären, warum ich das gemacht habe. Ich deute es so, dass mir mit meinen 13 Jahren die Endgültigkeit unserer Reise bewusster war als wir alle vermutet hatten. Die Berichte im Fernsehen, die Heimlichkeit unseres Vorhabens, all das hatte mir zu verstehen gegeben, dass sich bald alles für mich ändern würde, dass wir neu anfangen und ich auf eine andere Schule gehen würde. Das einzige für mich wichtige Dokument durfte dafür nicht fehlen. Hinterher haben meine Eltern das immer wieder als nette Anekdote unserer Flucht erzählt, wenn sich jemand nach unseren Erlebnissen 1989 erkundigte. Dann lachten sie herzlich und auch ein bisschen stolz darüber, und irgendwie scheint es sie jedes Mal wieder zu berühren, dass ihre 13-jährige Tochter so weit gedacht hat. Zu dem Zeitpunkt allerdings, als es noch verstaut im Koffer lag, war dieses kleine Zeugnis ein großes Risiko. Denn die tschechischen Grenzer und auch die Ungarn waren berüchtigt für ihre strengen Kontrollen von ausreisenden DDR-Bürgern. In Stichproben kontrollierten sie die Autos der Urlauber. Auch wir hatten das Prozedere bei den letzten Urlaubsreisen dorthin schon mehrfach über uns ergehen lassen müssen.

Als das Kamerateam und ich die Grenzanlagen zwischen Tschechien und Ungarn erreichen, sieht von Weitem alles noch genauso aus wie damals. Die Kontrollhäuschen stehen noch an selber Stelle, wenn auch unbenutzt. Die Farbe ist teilweise abgebröckelt, Scheiben sind kaputt, aber das, was ich sehe, reicht aus, um mich abtauchen zu lassen. Der Ort weckt die Erinnerung an Szenen, die sich damals hier abspielten. Hier an diesen Kontrollhäuschen hielten meine Eltern jedes Jahr wieder ihre Pässe durchs Autofenster. Diese wurden argwöhnisch gecheckt und bei manchen Reisen wurden wir anschließend an die Seite gewunken. Dann mussten wir aussteigen und zusehen, wie die Soldaten unser Auto komplett auseinandernahmen. Die Grenzer leuchteten in jede dunkle Ecke. Mehreren Kollegen krochen unter das Auto. Manchmal wurden unsere Koffer mitgenommen und durchsucht. Autoteile wurden komplett aus- und wieder eingebaut. Selbst die Innenverkleidung der Türen bauten sie misstrauisch ab und schnappten sich sogar mein Lieblingsstofftier, einen zotteligen, verfilzten Hasen, um ihn in einem Röntgengerät zu durchleuchten. Was sie suchten? Vor allem Geld, ausländische Devisen wie die westdeutsche D-Mark, die wir offiziell als DDR-Bürger nicht einführen durften. Als DDR-Bürger durften wir nur ungefähr 30 DDR-Mark pro Tag ins Ausland ausführen und dort in ungarische Forint umtauschen. Hätten die Kontrolleure Westgeld gefunden, hätten sie es nicht nur einkassiert, sondern uns zurückgeschickt in die DDR. Ein Aktenvermerk an die Staatssicherheit wäre meinen Eltern sicher gewesen und vielleicht sogar noch höhere Strafen. Wenn der Staat es wollte, dann wurden passende Paragraphen gefunden, die eine entsprechende Bestrafung legitimierten. In eine dieser Kontrollen zu geraten, davor hatten meine Eltern auch auf unserer Fluchtreise 1989 große Sorge. Nicht ahnend, was ich im Kofferraum schmuggelte, aber sehr wohl wissend, dass mein Vater im Gehäuse der Scheinwerfer fein säuberlich gefaltete Scheine Westgeld versteckt hatte. Hätte man eins von beiden gefunden, wäre diese Reise für uns an der tschechischen Grenze beendet gewesen.

Mit jedem Kilometer, den wir am 15. August zurücklegten, stieg die innere Anspannung meiner Eltern entsprechend. Wir alle waren mucksmäuschenstill, als wir auf die Wachtürme der Grenzanlagen zufuhren. Wir hielten an, zeigten unsere DDR-Pässe, wichen den ernsten und durchlöchernden Blicken der Grenzposten aus, verhielten uns möglichst unauffällig und meine Eltern beantworteten die nötigen Fragen. Die Stille der Pausen während so einer Passkontrolle war unerträglich, die Anspannung greifbar, denn nie wussten wir, was als nächstes kommt. An den Gesichtern der Soldaten ließ sich rein gar nichts ablesen. Mochten sie uns? Glaubten Sie uns? Hatten sie Zweifel? Hatten sie gute Laune oder war ihnen danach, jemanden in die Mangel zu nehmen? Beim Pokern hätten sie wohl jeden reingelegt.

Umso überraschender war das, was dann kam. Nichts. Wir bekamen unsere Pässe zurück, wurden mit einem »Gute Reise« zum Weiterfahren gebeten und die Erleichterung purzelte wie ein Riesenfels erst ganz langsam und dann mit schneller werdender Gewissheit von den Herzen meiner Eltern. Diesen Schritt hatten wir entgegen aller Zweifel meiner Mutter geschafft. Mir zeigte sich diese Erleichterung besonders in einem Bild. Als wir abends in einem tschechischen Hotel zur Übernachtung stoppten und dort im Restaurant saßen, bestellten meine Eltern »Pivo«, tschechisches Bier. Ungewöhnlich, da meine Mutter damals wie heute nie eine Biertrinkerin war. Doch sie setzte das Glas nach einem

»Prost« an und leerte tatsächlich einen halben Liter Bier in einem Zug, so als wäre in dem Glas gar kein Pils, sondern Wasser. All die Anspannung, Sorgen und Zweifel der letzten Tage spülte sie mit einem Schluck runter. Überraschenderweise ging es ähnlich unkompliziert weiter. Auch an der tschechisch-ungarischen Grenze ließ man uns ohne Verzögerung durchfahren. Die Erleichterung, es bis hierher geschafft zu haben, war für meine Eltern doppelt groß und gab ihnen die Gewissheit zurück, dass das Glück nun auf ihrer Seite war. Denn diese Reise nach Ungarn war in diesem schicksalhaften Jahr 1989 bereits die zweite für meine Eltern und mich. Die erste jedoch war deutlich dramatischer geendet.

Bereits zu Beginn der Sommerferien, im Juli ′89, vor meiner geplanten Polenfahrt mit meinen Klassenkameraden, waren wir nach Ungarn gereist. Wie jedes Jahr freute ich mich auf diesen Sommerurlaub. Die Sonne schien dort länger und wärmer, es gab den riesigen Plattensee, der Balaton, der wie jeden Sommer unser Ziel war. Ich liebte auch das ungarische Essen. Ein besonders beliebter Snack waren für mich ungarische Langosch-Fladen. Ölig triefte das Frittierfett aus ihnen und mit Knoblauch bestrichen waren sie eine Köstlichkeit, die es mittlerweile zu meiner Freude auch auf deutsche Weihnachtsmärkte geschafft hat. Dafür stellte ich mich gerne in eine lange Schlange an einer Snackbude. Selbst die Maiskolben mit Butter und Salz schmeckten hier wie eine Delikatesse.

Die meiste Zeit verbrachten wir am Ufer des Balatons. Seine Tiefe glich eher der einer Badewanne und eignete sich deshalb besonders gut für Familienurlaube. Stundenlang konnte ich auf einer Luftmatratze verbringen und rausschwimmen bis zur letzten Boje, von woaus die Menschen am Ufer aussahen wie kleine Ameisen. Und weil es damals keine Sonnencremes mit Lichtschutzfaktor gab, schmierten wir uns ahnungslos mit Kokosöl ein und verbrannten regelmäßig. An anderen Tagen schwirrten wir auf einem der beliebten sogenannten Pullovermärkte umher. Auf denen gab es neben frischem Obst, Gemüse oder Brot auch viele Dinge, die es in der DDR nicht in die Läden schafften, oder falls doch, nur selten und teuer waren. Dort gab es T-Shirts mit Mickey-Maus, Smileys oder Glitzer, hübsche Sommerkleider, die neuen angesagten Plastiksandalen in allen Farben, Lederwaren wie Gürtel oder Handtaschen. Alles in allem Ware, die sich nicht nur an westlicher Mode orientierte und deshalb für uns besonders modern war, sondern die auf diesen Wochenmärkten reichlich angeboten wurde, anders als in den von Mangel geprägten Läden der DDR. Für uns war es jedes Mal ein Riesenerlebnis und nie verließen wir so einen Markt, ohne die Hände voller Tüten mit neu erstandenen Schätzen. Die Ausgelassenheit dieser

Urlaube ist mir bis heute in Erinnerung geblieben. Wir verbrachten sie in großen, gut ausgestatteten Häuser, die wir uns nur deshalb leisten konnten, weil meine Eltern Gastronomen waren. Denn glücklicherweise bot der Arbeitgeber meiner Eltern, die HO-Gaststätten, seinen Mitarbeiter diese Häuser günstig für Urlaube an. Manchmal verbrachten wir unsere Aufenthalte dort mit befreundeten Kollegen meiner Eltern. Doch in unserem ersten Sommerurlaub im Juli 1989 war von Anfang an vieles anders. Einiges fühlte sich merkwürdig an, ohne dass ich damals genau wusste, woran das lag. Wir verbrachten unsere Zeit zum ersten Mal in einer anderen Ferienwohnung als sonst, eigentlich fuhren wir nämlich immer in die gleichen Häuser. Wir kannten uns gut aus, hatten alle umliegenden Sehenswürdigkeiten und Orte besucht, kannten die Wege auch ohne Landkarte mittlerweile sehr gut. Deshalb machte es mich zum Beispiel stutzig, als ich meinen Vater an einem Tag beobachtete, wie er auf dem Bett eine Landkarte ausgebreitet hatte, davor hockte und sie ganz genau studierte. Als ich ihn danach fragte, wimmelte er mich mit der Begründung ab, er würde nach einem neuen Ausflugsziel suchen. Ich dachte mir nichts weiter dabei. Auch nicht, als wir in einem Restaurant ein mir unbekanntes Pärchen trafen. Dass meine Eltern diese Menschen nie erwähnt hatten, war ungewöhnlich, aber ich wusste damals nicht, ob es vielleicht ein spontanes Treffen mit alten Bekannten war. Wer wie meine Eltern in der Gastronomie arbeitete, hatte immer einen großen Bekanntenkreis und ein großes Netzwerk. Überall wo wir hinfuhren, konnten wir jemandem begegnen, der Gast oder Kollege war. Und die Ziele im Ausland waren ja für DDR-Bürger nachweislich auf eine kleine Anzahl begrenzt. Also maß ich dem ganzen keine große Bedeutung bei. Dennoch ist mir die Situation in Erinnerung geblieben. Möglicherweise hatte ich etwas von den Gesprächen aufgeschnappt, an die ich mich heute im Detail nicht mehr erinnern kann. Und was auch eigenartig war, in diesem Urlaub lief ständig der Fernseher. Die Nachrichten mit den aktuellen Bildern vom Abbau des Stacheldrahtzauns in Ungarn und den ersten Berichten über DDR-Flüchtlinge bannten dabei insbesondere unsere Aufmerksamkeit.

Dass das alles kleine Puzzlestücke eines großen Bildes waren, wurde mir erst klar, als wir unseren Urlaub beendeten und die Heimreise antraten. Da wir seit Jahren in diese Region fuhren, kannte auch ich die Wege und Straßenschilder bereits und wusste genau, wo wir langfahren mussten, um wieder nach Hause zu kommen. Doch auf dieser Heimreise nahm mein Vater einen anderen Weg. Ich brauchte eine Weile, um zu verstehen, was hier gerade passierte.

Plötzlich setzte sich vor meinem inneren Auge ein Puzzleteil an das nächste: der andere Ort, das geheimnisvolle Treffen mit Fremden, die Fernsehberichte und mein Vater mit der Landkarte. Es fügte sich ein Bild zusammen, das mich schlagartig in Panik versetzte. Konnte es sein, dass meine Eltern mit mir fliehen wollten? Jetzt? Heute? Was hatten sie vor? Was würde das bedeuten? Ich würde nie mehr nach Hause kommen! Meine Gedanken begannen zu rasen. Die Polenfahrt mit meiner besten Freundin stand vor der Tür. Seit einem halben Jahr freute ich mich darauf. Mein Bruder, meine Lieblingsnichte Isabell, ich würde sie alle nie wiedersehen. Enttäuschung und Wut stiegen in mir auf. Konnte es wirklich sein, dass meine Eltern mich nicht eingeweiht hatten und ohne mich diesen Plan geschmiedet hatten, dass ich ausgeliefert war und mitmusste in ein neues fremdes Leben, das ich gar nicht wollte? Warum überhaupt? Ich verstand nichts und doch schien irgendwie alles klar. Ich hielt die Ungewissheit nicht mehr aus und es platzte aus mir heraus: »Wo fahren wir denn hin?«, fragte ich, ohne Antwort zu bekommen. Ich ging nochmal alles durch, doch wieder ergab es das gleiche Bild. Ich versuchte es erneut, deutlicher, und sagte das, was meine Eltern offenbar nicht aussprechen konnten und was für mich die einzig plausible Erklärung für die verwirrenden Beobachtungen war: »Ihr wollt mit mir in den Westen, stimmt´s?« Nach einer weiteren Pause sagte meine Mutter dann die Worte, die mehr ausdrückten als ich aushalten konnte: »Kathrin, wir wollen doch nur das Beste für dich.« Sie sagte nicht, wir fahren einen Umweg oder wir wollen uns noch etwas anschauen, wir fahren nach Hause. Ihre Worte bedeuteten: Ja. Wir wollen mit dir und für dich fliehen.

Doch die eigentliche Tragödie, mit der meine Eltern nicht gerechnet hatten, folgte dann. Ich wollte nicht mit. Ich, ihre 13-jährige Tochter, die sonst immer folgsam war und brav, diszipliniert und vorbildlich, wollte diesen Weg nicht mitgehen. »Ich will nach Polen fahren«, versuchte ich meine Sturheit zu erklären. Die Freiheit in Aussicht, bald alles tun zu dürfen, was man will, klang dieser Grund für meine Eltern verständlicherweise absolut banal. Doch als Teenager interessierte ich mich nun mal nicht für die weit entfernte Zukunft und ich verstand auch die ganze Problematik nicht. Ich wusste zu dem Zeitpunkt noch nichts davon, wie sehr meine Eltern unter den Kontrollmechanismen des Staates litten. Mein Fokus lag auf der bevorstehenden Fahrt mit meinen Freunden, es war das Highlight meines Teenager-Sommers. Das Argument meiner Mutter, dass ich, wenn wir erstmal im Westen sind, überall hinfahren könne, verpuffte in meinen Ohren. Von da an kann ich mich an keine Details des Gesprächs mehr erinnern, nur das es laut und dann wieder ganz still im Auto wurde. Meine Eltern versuchten mich zu überzeugen bis sie aufgaben und wieder Richtung Tschechien fuhren. Mein Vater sagte irgendwann gar nichts mehr und umklammerte verbissen das Lenkrad. Meine Mutter schluchzte leise und ich, ich weinte mir die Augen aus dem Kopf, weil ich mit meinen 13 Jahren in einem großen Dilemma steckte. Meine Eltern hatten eine Entscheidung für mich getroffen und ich war mit jeder Zelle meines Körpers dagegen. Dennoch waren es ja meine Eltern, die ich nicht enttäuschen wollte und die ich zutiefst respektierte. Je länger die Rückfahrt bis zur tschechischen Grenze dauerte, desto spürbarer wurde für mich, dass ich es soeben richtig verbockt hatte. Es fühlte sich für mich an, als hätte ich meinen Eltern gerade etwas unverzeihlich Schlimmes angetan. Das hatte ich auch: Ich vermasselte ihnen ihren Lebenstraum.

Die Rückfahrt zog sich wie Kaugummi. Das ganze Auto war voller Verzweiflung. Briefchen wechselten zwischen meiner Mutter und mir hin und her, in denen ich versuchte, zu erklären, zu bitten. Bis ich nicht mehr konnte. Im letzten Brief stand: Ich komme mit.

Wir machten auf einem Campingplatz kurz vor der tschechischen Grenze Rast und übernachteten dort. Ich wollte mich wirklich fügen und nicht den Plan meiner Eltern durchkreuzen. Mein schlechtes Gewissen reichte bis zum Mond und zurück. Gleichzeitig wollte ich tief in meinem Herzen einfach nur nach Hause. Und nach Polen natürlich. Es klingt so banal und ist doch wahr. Am Morgen nach der Nacht auf dem Campingplatz gingen wir in den Waschraum. Ich wusste, dass ich mitmusste und war tieftraurig. Wie wohl jede Mutter, las auch meine in meinem Gesicht wie in einem offenen Buch. Sie sprach aus, was ich mich nie noch einmal getraut hätte zu sagen: »Du willst doch gar nicht mit, stimmt´s?« Ich schaute sie an, zögerte und dann schüttelte ich nur stumm den Kopf. An jenem Tag fuhren wir zurück in die DDR. Unser erster Fluchtversuch war hiermit offiziell gescheitert. Wegen mir.

Für meine Eltern war die undenkbare Katastrophe eingetreten, mit der sie nicht gerechnet hatten. Bei ihrem Plan hatten sie versucht, Gefahren abzuwägen, kein Risiko einzugehen. Das Risiko, dass ich mich widersetzen könnte, dass sie mich nicht überzeugen könnten, hatten sie schlichtweg nicht einkalkuliert, wo sie doch vor allem für mich diese Flucht wagen wollten. Ich mache ihnen keinen Vorwurf, wie könnte ich, doch aus jetziger Sicht und aus dieser Erfahrung heraus wäre es wohl klüger gewesen, mich einzuweihen. Vielleicht nicht von Anfang an, aber zumindest seit wir in Ungarn waren. Ich war zwar einerseits erst 13 Jahre alt und noch ein Kind, andererseits war ich damit bereits an der Schwelle zum Erwachsenen. Auf jeden Fall war ich selbstständig denkend, denn so hatten sie mich erzogen. Ich war alt genug, um zu verstehen, dass es meinen Eltern nicht gut ging in der DDR, wenn sie mir nur von den vielen Details erzählt hätten, die sie dazu brachten, diesen riskanten Weg zu wählen.

Wie sie mir hinterher erzählen, hatten sie sich schlichtweg nicht überlegt oder vielleicht auch verdrängt, wie sie mir diese große Sache einfach und überzeugend erklären konnten. In diesem Punkt hatten sie erstaunlicherweise keinen Plan. Ihr Hauptgedanke kreiste um das Wie, Wann und Wo und nicht ob. Sie wollten mich auch schützen vor zu vielen Informationen. Jeder Mitwisser war auch ein Risiko, selbst ich. Ich kann es ihnen nicht verdenken. Es war schließlich ihre erste Flucht und sie hatten andere Sorgen im Kopf als die, dass ausgerechnet ihre Tochter ihnen einen Strich durch die Rechnung machen könnte. Sie zeigten mir nicht, welches Chaos ich in ihnen angerichtet hatte. Ich wurde nicht gezwungen, diesen Weg zu gehen. Meine Eltern brachten mir stattdessen den Respekt entgegen, den jeder Bürger in diesem Staat verdient gehabt hätte. Bei uns in der Familie hatte selbst ich mit 13 Jahren schon ein Recht auf eine eigene Meinung, die respektiert wurde. Selbst wenn sie sauer waren, wütend und enttäuscht, ließen sie es mich nach unserer Rückfahrt in die DDR nicht spüren, sie sprachen es nicht aus. Obwohl sie fest damit rechneten, die DDR nie mehr verlassen zu können. In ihrer Vorstellung wurden die DDR-Grenzen bald dicht gemacht und ihre einzige Chance auf ein besseres Leben war soeben verstrichen.

Doch was meine Eltern neben ihrem Mut auch auszeichnet, ist ihre Anpassungsfähigkeit. Sie passen sich an neue Gegebenheiten schnell an. Ihr Wille, ihre Ausdauer, ihre Unermüdlichkeit, nicht aufzugeben und weiter nach einem Weg zu suchen, ist bemerkenswert, und glücklicherweise haben sie ihren unermüdlichen Optimismus an mich weitergegeben. Wenn ich mich heute manchmal frage, warum ich eigentlich fast immer optimistisch bin, dann bin ich überzeugt, der Grund dafür sind meine Eltern. Ihr ganzes Leben in der DDR hatte sie darauf trainiert, sich nicht mit dem abzufinden, was war, sondern neue Lösungen zu suchen, kreativ zu werden und cleverer zu sein als andere - wann immer es nötig war. Also machten sie weiter wie bisher, bissen die Zähne zusammen, verziehen mir und suchten nach einem neuen Ausweg. Und sie fanden ihn.

Ich durfte nach unserer Rückkehr meine lang ersehnte Polenreise mit meinen Klassenkameraden und Freunden antreten, so als wäre nichts geschehen. Allerdings tat ich dies mit einem unfassbar schlechten Gewissen. Dieses beruhigten meine Eltern, als sie mir sagten, dass wir es nach meiner Rückkehr einfach nochmal versuchen würden. Meine Eltern beantragten also noch einmal ein Visum für Ungarn und die hierfür nötigen Papiere. Für mich fühlte es sich an, als würde ich eine zweite Chance bekommen, alles richtig zu machen.

Wer glaubt, dass unsere bürokratischen Mühlen heute langsam mahlen, der hat keine Idee davon, was Langsamkeit und Bürokratie in der DDR bedeuteten. Nur so konnten sich meine Eltern letztlich auch erklären, warum sie innerhalb weniger Wochen überraschend eine zweite Reisegenehmigung erhielten. Denn offenbar wusste der Beamte der einen Behörde nicht, dass ein anderer Beamter bereits eine Reiseerlaubnis für einen Urlaub nach Ungarn nur wenige Wochen zuvor genehmigt hatte. Zumindest war es niemandem aufgefallen und offenbar auch noch nirgends vermerkt. Denn ein zweiter Reiseantrag im gleichen Sommer für die Einreise in ein Land, in dem gerade die Grenzen geöffnet wurden, hätte eigentlich sofort auffallen und abgelehnt werden müssen, da die Entwicklung dem politischen Regime der DDR große Sorgen bereitete. Doch es lief anders.

Wie auch immer es dazu kam, dass der zweite Antrag ebenfalls bewilligt wurde, lässt sich für uns nicht mehr genau nachvollziehen, und letztlich ist es auch egal. Die zweite Chance war da und alles andere damit unwichtig. Nur zwei Tage nachdem ich von meiner Polenreise zurück war, brachen wir erneut nach Ungarn auf. Von da an hieß unser neues gemeinsames Ziel: Österreich.

30 Jahre später fahre ich nun mit einem Kamerateam an Bord den gleichen Weg noch einmal, durch Ungarn Richtung österreichische Grenze. Einen kurzen Moment lang ist es wie ein Déjà-vu. Die kleinen Dörfer, die Melonenstände am Straßenrand, die vielen Korbflechtereien, all diese kleinen Details hatte ich schon fast vergessen. Auf den ersten Blick hat sich hier nicht viel verändert. Allein der Anblick, die Gerüche, die Atmosphäre kommen mir plötzlich unerwartet vertraut vor. Ich glaube, jeder kennt dieses Gefühl des spürbaren Zeitsprungs: ein bestimmter Geschmack, ein spezieller Geruch oder ein Ort, der ganz plötzlich

längst vergessene Erinnerungen aus der Kindheit wieder zum Leben erweckt – und auf einmal ist man wieder klein, spürt, was man damals spürte. Ich erinnere mich genau, wie ich mich gefühlt habe, als ich hier mit meinen Eltern durch die Straßen fuhr. Die Motive bringen mir die Naivität und Vorfreude meiner Kindheit von damals zurück.

Wir nähern uns dem letzten Ort, an den ich mich erinnere: Kópháza. Er liegt nur wenige Kilometer von der Grenze entfernt. Dass wir im Sommer vor 30 Jahren von dortaus unsere Flucht starten würden, war letztlich gewissermaßen ein Zufall. Nachdem wir im August 1989 Ungarn erreicht hatten, fuhren wir, wie schon wenige Wochen zuvor bei unserem ersten Fluchtversuch, wieder Richtung Balaton. In einer kleinen Bungalowsiedlung am südlichsten Zipfel des Balatons trafen wir eine Österreicherin. Sie hieß Karin Lobner, hatte blonde schulterlange Haare, leicht gelockt, und ein sehr offenes und freundliches Gesicht. Auch wenn wir nur wenige Tage mit ihr verbrachten, zeigte sie uns gegenüber von Anfang an sehr große Herzlichkeit. Sie schien eine fröhliche, lebenslustige Frau zu sein. Bei unserer ersten Urlaubsreise wenige Wochen zuvor hatten meine Eltern bei dem erwähnten konspirativen Treffen mit einem westdeutschen Ehepaar in einem ungarischen Restaurant den Kontakt zu ihr geknüpft. Sie war eine der vielen mutigen Fluchthelfer, die DDR-

Bürgern halfen, in den Westen und damit in die Freiheit zu gelangen. Tatsächlich war ihr das schon einmal in den Monaten zuvor erfolgreich gelungen. Ein Paar konnte dank ihrer Hilfe fliehen. Und nun wollte sie uns dreien helfen. Wer meint, dass sie sich so vielleicht etwas dazu verdienen wollte und Geld für ihre Fluchthilfe nahm, der irrt. Karin Lobner half uns aus altruistischen Gründen, unentgeltlich, einfach so.

Aufgrund mangelnder Kommunikationsmöglichkeiten konnten wir ihr vorher nicht Bescheid geben, dass wir kommen würden. Mal eben zu telefonieren, das ging damals noch nicht. Weder sie noch wir hatten ein Telefon. Meine Eltern wussten jedoch, dass sie den ganzen Sommer am Balaton verbringen würde, in ihrem Bungalow. Unser Besuch musste für Karin Lobner also ziemlich spontan gewesen sein. Ganz sicher hatte sie sich die kommenden drei Tage anders vorgestellt. Dennoch durften wir unser Zelt in dem zum Bungalow gehörenden kleinen Garten aufschlagen und blieben dort drei Tage und Nächte lang. Tagsüber war mein Vater unterwegs, um noch fehlendes Zubehör für unsere Flucht zu besorgen, wie zum Beispiel eine Taschenlampe, Pfeffer, einen kleinen Kompass, schwarze Handschuhe. Alles Dinge, die wir nicht im Koffer von zuhause mitnehmen konnten, weil wir damit nie durch eine Grenzkontrolle gekommen wären. Aus dem zum Auto gehörenden Werkzeugkoffer steckte er noch eine Zange ein, falls es irgendetwas durchzuschneiden gäbe, wie zum Beispiel einen Zaun. Falls wir überhaupt bis zu einem Grenzzaun kommen würden. Die Nächte im Zelt waren unruhig. Das Wetter war teilweise windig und hin und wieder regnete es. Nur unsere letzte Nacht in Ungarn, die war sternenklar, windstill und mit einem Vollmond, der wie eine riesige Laterne vom Himmel aus in jeden Winkel leuchtete. Doch ausgerechnet diese Nacht sollten wir nicht mehr im Zelt verbringen. Denn an Tag 3 setzten wir uns alle ins Auto der Österreicherin und sie fuhr mit uns Richtung österreichische Grenze.

Karin Lobner kannte sich hier gut aus, vor vielen Jahren hatte sie ihren Bungalow im Lotto gewonnen. Die Österreicherin lebte regulär mit ihrer Tochter in Wien. Doch seitdem sie im ungarischen Lotto mitgespielt und einen Bungalow am Balaton gewonnen hatte, verbrachten die beiden regelmäßig ihre Urlaube dort. Ihre Tochter war nur wenige Jahre älter als ich. Sie, meine Eltern und ich starteten südlich des Balatons und fuhren so nah wie möglich an der Grenze entlang Richtung Norden. Denn es gab keine spezielle Stelle, die wir ansteuerten, keinen Punkt, bei dem die Österreicherin sicher war, dass von dort eine Flucht gelingen würde. Meine Eltern suchten einen Ort, von dem aus der Weg nach Österreich möglichst kurz und möglichst ungefährlich war. Einmal verlief der Grenzzaun nur wenige Meter neben der Straße entlang, verlockend nah schien dort die Freiheit, aber auch extrem gefährlich. Es war unwahrscheinlich, sie dort zu erreichen. Denn an dieser Stelle sorgten unzählige Soldaten dafür, dass niemand dieser Grenze zu nah kam. Wachtürme standen nur wenige hundert Meter voneinander entfernt. Die Grenzsoldaten patrouillierten in kleinen Abständen und beobachteten uns genau, ihre Gewehre griffbereit umgehängt. Es fühlte sich ein bisschen an, als würden wir uns die Nase am Schaufenster eines Ladens plattdrücken. Hinter der Scheibe glänzten Demokratie, Unabhängigkeit und Selbstbestimmung und funkelten uns verlockend an, nur hatten wir leider keinen Zutritt zu dieser Welt. Zu gefährlich und zu aussichtslos wäre ein Fluchtversuch dort gewesen. Also fuhren wir weiter, immer Richtung Norden. Mal bogen wir irgendwo ab, hielten kurz an, beobachteten, fuhren weiter. In einem Auto sitzend, lediglich mit einer Landkarte vor der Nase, versuchten meine Eltern so gut es ging, das Risiko für einen Fluchtversuch einzuschätzen. Im Kofferraum lagen unsere Fluchtsachen, bereit für ihren Einsatz. Wir hatten schwarze Jacken eingepackt, damit wir im Dunkeln nicht so schnell auffielen. In einem kleinen schwarzen Rucksack waren eine Zange, ein Kompass, eine kleine Taschenlampe, Pfeffer, um die Nasen der Spürhunde zu verwirren, etwas zu trinken, drei Äpfel als Proviant und - mein Schulzeugnis. Auf einem Rätselbild, das Dinge zeigt, die zueinander passen oder nicht, wäre das Zeugnis der Gegenstand gewesen, der nicht zum Thema Fluchtsachen passt. Dennoch hatte ich es eingesteckt.

Stundenlang fuhren wir suchend durch die Gegend. Mein Vater saß auf dem Beifahrersitz und studierte auf der Karte die Abstände zur Grenze - war hier die passende Stelle? Oder lieber noch ein paar Kilometer weiter? Da schien der Weg kürzer, aber war er auch gefährlicher? Nach irgendeiner Rechtskurve wich die konzentrierte Stimmung im Auto einer verängstigten, plötzlich wurde es unruhig. »Unter den Sitz, unter den Sitz«, hörte ich meine Mutter. Mein Vater stopfte hektisch die ausgebreitete Landkarte unter den Beifahrersitz. Ich verstand nicht so schnell, was passiert war. Bis ich es sah. »Ruhig bleiben«, hörte ich die Anweisung. Und als ich durch die Windschutzscheibe vorne blickte, sah ich sie. Eine Straßensperre, sie lag direkt vor uns. Soldaten mit voller Ausrüstung stoppten unseren Wagen und wiesen meine Eltern an, auszusteigen. Meine Eltern wurden in ein neben der Straße liegendes Gebäude gebracht. Die Fluchthelferin und ich durften im Auto sitzen bleiben. Nach einigen Minuten jedoch kam ein ungarischer Sicherheitsbeamter und stieg zu uns ins Auto. Er sprach sehr gut Deutsch. Was er sagte, sagte er leise und besonnen, aber bestimmt. Gerade dadurch, wie er es sagte, wirkte es besonders bedrohlich. Mich auf der Rückbank beachtete er nicht. Ihm war es auch egal, dass ich alles hörte, was er sagte. Sein Fokus lag ganz auf unserer österreichischen

Fluchthelferin. Er fragte sie, was sie denn hier mache und ob sie nicht gerne auch die nächsten Jahre in dieses schöne Land reisen wolle. Im ersten Moment irritierte mich die Frage. Doch dann sprach er ganz offen seine Drohung aus: Sie könne ihren Bungalow in Ungarn nicht behalten, wenn sie DDR–Bürgern zur Flucht verhelfe. Offenbar hatte er ihr Kennzeichen geprüft. Denn der Sicherheitsbeamte wusste genau, dass unsere Fluchthelferin am Balaton einen Bungalow hatte und regelmäßig ihren Urlaub dort verbrachte. Die Österreicherin stritt zwar alles ab, aber je länger der Mann auf sie einredete, desto mehr wurde sie verunsichert. Ihre Stimme wurde zittriger, bis sie gar nichts mehr sagte. Verstohlen wischte sie ihre Tränen weg, so als könnte sie noch verbergen, dass der Sicherheitsbeamten mit seinen Druckmethoden Erfolg hatte. Es war unschwer zu erkennen, dass er ihr Angst gemacht hatte und dass sie kurz davor war, diesem Druck nicht länger Stand zu halten. Ich saß hinten und war stille Beobachterin dieser beklemmenden Szene. Mein Blick ging zwischen beiden hin und her und immer wieder aus dem Fenster in die Richtung, in die meine Eltern abgeführt worden waren. Was würde als nächstes passieren? Würde er sie auch abführen? Wo blieben meine Eltern? Würde gleich jemand kommen, der das Auto durchsucht?

Dann würde alles auffliegen. Die schwarzen Tarnkleidung, der Rucksack mit den Fluchtutensilien, all das schlummerte verräterisch im Kofferraum. »Hoffentlich kommen sie nicht, hoffentlich gehen sie nicht an den Kofferraum«, dachte ich pausenlos. Ich war überrascht, als tatsächlich niemand kam und das Auto durchsuchte. Plötzlich stieg der Sicherheitsbeamte wieder aus dem Auto aus und verschwand in dem Gebäude. Diese surreale Begegnung ließ mein Zeitgefühl verschwimmen. Wie lange waren meine Eltern schon weg? Waren es Minuten oder eine Stunde, die wir im Auto ausharrten und auf sie warteten?

Währenddessen saßen meine Mutter und mein Vater in getrennten Verhörräumen – schon wieder, wie sie später erzählten. Und schon wieder nutzten sie ihren alten Hustentrick, um sich zu verständigen: »Bist du da?«, hustete der eine »Ja, ich bin nebenan«, hustete der andere zurück. Dass sie nur einen Campingplatz suchen würden, beteuerten sie gegenüber den Sicherheitsbeamten und dass sie keinesfalls fliehen wollten. Um meine Eltern einzuschüchtern, drohten die Sicherheitsbeamten ihnen. Meinem Vater wurde prophezeit, seinen Job zu verlieren und vermutlich ins Gefängnis zu kommen, falls man ihn noch einmal in der Nähe der Grenzanlagen erwischen würde. Meiner Mutter drohten sie damit, dass ihr ihr Kind weggenommen würde. Man würde mich in ein Heim stecken, so die Aussicht.

Genauso plötzlich wie der Sicherheitsbeamte verschwunden war, tauchten meine Eltern wieder auf. Zu meiner großen Erleichterung hatte man sie entlassen. Sie setzen sich zu mir und der Österreicherin ins Auto und wir fuhren weiter, weiter Richtung Norden. Minutenlang schwiegen wir.

Das Verhör sollte die Fluchthelferin und meine Eltern einschüchtern und sie von ihrem mutmaßlichen Vorhaben abbringen. Wollten sie die Flucht nun abbrechen? Nein, nichts dergleichen. Hätten meine Eltern ihren Fluchtversuch zu diesem Zeitpunkt abgebrochen, hätten die Behörden ihr Ziel erreicht. Meine Eltern wären wieder einmal fremdbestimmt gewesen.

Doch der Einschüchterungsversuch hatte nicht funktioniert. Im Gegenteil: Meine Eltern waren sich sicher, die Sicherheitsbeamten würden den Vorfall an die Staatssicherheit der DDR melden, und dass sie bei einer Rückkehr in die DDR auf jeden Fall Ärger bekommen würden. Ärger, der wahrscheinlich die gleichen Konsequenzen haben würde wie die, die ihnen im Verhör bereits angedroht worden waren. Schließlich standen sie jetzt unter Verdacht, Republikflucht begehen zu wollen. Allein die Vorbereitung und der Versuch einer Flucht waren strafbar und wurde mit Gefängnisstrafen zwischen einem und drei Jahren geahndet. Unser Leben wäre nach einer Rückkehr also nicht mehr das gleiche gewesen. Vor der Straßensperre gab es immerhin noch die theoretische Option, vielleicht doch zurückzukehren in die DDR.

Danach gab es nur noch einen Weg: raus aus Ungarn nach Österreich. Jetzt oder nie.

Das schien auch der Österreicherin, mehr als recht zu sein. Sie war nämlich durchaus eingeschüchtert durch die Drohungen des Sicherheitsbeamten und wollte ihren geliebten Bungalow in Ungarn keinesfalls aufs Spiel setzen. Sie wollte uns nun unbedingt heute noch loswerden. Das Risiko, als Fluchthelferin aufzufliegen, war ihr - verständlicherweise - einfach zu groß. Dass einen Tag zuvor, am 19. August, bereits eine friedliche Massenflucht beim Paneuropäischen Picknick an der ungarisch-österreichischen Grenze stattgefunden hatte, wussten wir zu diesem Zeitpunkt nicht. Auch nicht, dass einen Tag später ein Familienvater während der Flucht erschossen werden würde.

Unsere Fluchthelferin fuhr mit uns an den Ort, der am vielversprechendsten für unsere Flucht war. Denn das Paar, dem sie bereits über die Grenze geholfen hatte, war dort erfolgreich geflohen. So landeten wir in Kópháza. Der kleine ungarische Ort war nur knapp zwei Kilometer von der österreichischen Grenze entfernt. Unsere Fluchthelferin ließ uns in einem Café raus und fuhr weg, um nach einem passenden Startpunkt für unsere Flucht zu suchen, an dem sie uns später absetzen konnte.

Es war Abend geworden und dämmerte bereits. Wir waren erschöpft, wussten aber, dass der eigentliche Kraftakt noch vor uns lag. Die Ungewissheit, wie dieser Tag enden würde, ließ die

Anspannung meiner Eltern steigen. Sie stand ihnen ins Gesicht geschrieben – viel Zeit blieb nicht mehr. Wir bestellten ein paar Getränke und warteten. Das Café war gut besucht. Die anderen Gäste schienen Einheimische zu sein. Ob wir auffielen? Ob man uns ansah, was wir vorhatten? Ungefähr eine halbe Stunde später holte uns die Fluchthelferin wieder am Café ab. Mittlerweile war es dunkel. Sie brachte uns in ein nahes Waldgebiet. Dort hielten wir an und stiegen aus. Karin Lobner öffnete den Kofferraum. Wir nahmen unsere schwarze Kleidung heraus und zogen uns wortlos um. Leise und schnell. Immer die Straße im Blick, damit uns niemand entdeckte. Ich nahm unseren Rucksack mit dem Proviant und meinem Zeugnis, mein Vater das Seil und dann stiegen wir wieder ein. Im Auto war es mucksmäuschenstill. Unsere Fluchthelferin fuhr uns zurück Richtung Kópháza. Was auf uns zukam, wussten wir nicht, nur, dass es kein Zurück gab.

»DDR-Bürger an ungarisch-österreichischer Grenze tödlich verletzt«

Neues Deutschland, 23.08.1989, Seite 2

» Mein Gott, vielleicht geht's diesmal gut «

DIE ZEIT, Ausgabe 34, 1989

ETAPPE 4 – DIE FLUCHT

Bisher war es für mich ein nicht greifbares Phänomen, das ich nie so richtig hatte glauben können. Aber einen bedeutsamen Ort aus der eigenen Vergangenheit noch einmal zu besuchen, hat tatsächlich eine tiefe emotionale Wirkung. Gehört hatte ich schon oft davon, Menschen gesehen, denen genau das geschah, aber gefühlt hatte ich es selbst bisher noch nie. Ich war allerdings auch noch nie so mit meiner Vergangenheit konfrontiert worden. Es fühlt sich an, als könne man in die Bilder seiner eigenen Erinnerung hineinspringen und damit auch die Gefühle der damaligen Zeit wieder zum Leben erwecken.

Dass das tatsächlich funktioniert, spüre ich zum ersten Mal in unserer alten Wohnung, als ich nach 30 Jahren mein altes Zimmer wiedersehe, mein altes Zuhause und noch einmal abtauche in die Empfindungen meines 13-jährigen Ichs von damals. Und auch jetzt, hier in Ungarn nahe der Grenze, fühlt es sich ähnlich an. Je näher mein Kamerateam und ich meinem Fluchtort kommen, desto mehr tauche ich ab in die Vergangenheit, desto häufiger blitzen Bildfetzen vor meinem geistigen Auge auf, Geräusche, Stimmen. Dieses Licht, dieses gleißende Licht ist mir in Erinnerung geblieben. Weil wir es so nicht erwartet hatten. Das Schließen von Autotüren, das Knacken der Äste und mein Vater, der Kommandos flüstert. Binnen Sekunde bin ich wieder mittendrin, im Abend des 20. August 1989 und erlebe alles erneut.

Die Fluchthelferin wollte uns so nah wie möglich an die Grenze heranbringen. Irgendwo hielt sie plötzlich an und wir stiegen aus. Wir nahmen unseren Rucksack und mein Vater band uns mit einem Seil aneinander, zur Sicherheit, damit wir uns auf unserem Weg nicht verlieren. Ich weiß, dass wir vor einem Gebüsch standen. Es blieb keine Zeit für viele Worte, »In die Richtung.« sagte sie, »Viel Glück!«

Da standen wir nun. Vor uns ein dichtes Gebüsch, ringsherum alles stockdunkel. Der erste Schritt Richtung Grenze ließ auch bei mir die Aufregung steigen. Sicher nicht so sehr wie bei meinen Eltern, doch die einzigartige Mischung zwischen Nachtwanderung und Thriller sorgte auch bei mir für ein flaues Gefühl im Magen. Es wurde ernst.

Wir schlugen uns durch das Dickicht bis es zwischen den Zweigen grell hindurchblitzte. Wir brauchten eine Weile, bis wir erkannten, was es war. Konnte das sein? Wir trauten unseren Augen kaum, denn unter uns, am Ende des Abhangs, an dem wir oben standen, lagen Gleise. Es waren tatsächlich Eisenbahngleise. Hell angestrahlt von riesigen Laternen. Ausgerechnet an dieser stark beleuchteten Stelle hatte uns unsere Fluchthelferin rausgelassen, nahe der einzigen Bahnstation von Kópháza. Dabei war das Einzige, was wir wollten, mit unseren Tarnklamotten im Dunkeln unsichtbar zu sein. Doch stattdessen war unsere allererste Hürde, über hell erleuchtete Bahngleise zu laufen. Wir hatten keine Wahl.

Genau diesen Ort suche ich 30 Jahre später mit meinem Team. Es muss hier in Kópháza irgendwo eine Stelle geben, an der man oberhalb von Bahngleisen stehen kann. Anhand unserer Landkarte sehe ich, dass tatsächlich noch immer Gleise dicht am Ort vorbeiführen. Wir biegen irgendwo in Kópháza links ab, fahren durch die schmalen Wohnstraßen und landen tatsächlich vor Gleisen. Aber sie liegen ebenerdig, auf Höhe der Straße. Hier kann es nicht gewesen sein. Ich bin kurz verunsichert. Hat mir meine Erinnerung einen Streich gespielt? Wir suchen weiter – die Schienen sind unsere Konstante. Am Ende einer holprigen, offenbar kaum befahrenen Straße ist dann zwischen uns und den Gleisen dichtes Gebüsch. Wieder steige ich aus und sehe mich um. Ich gehe Richtung Böschung und schaue durch die Äste hindurch. Und da sind sie. Genau wie damals blitzen die metallenen

Gleisstücke von unten durch das Grün der Blätter hindurch, nur dass es diesmal helllichter Tag ist. Ein kleiner Schauer durchfährt mich. Gänsehaut. Ich spüre, dass ich hier richtig bin. Die Gleise liegen vielleicht fünf Meter unter uns. Rechts von dieser Stelle liegt die Bahnstation und danach sind die Gleise bereits wieder ebenerdig. Es ist offenbar der einzige Punkt in Kópháza, der auf meine Erinnerungsschnipsel passt. Und auch wenn sich ringsherum viel verändert haben wird, die Gleise wurden nach der Wende offenbar nicht verlegt. Ich bin da. Hier ist er, der Startpunkt unserer Flucht. Ich habe ihn tatsächlich wiedergefunden.

Von hier aus ging es also los damals. Von hier aus brachen wir auf in unser neues Leben. Ich muss tief durchatmen, um zu begreifen, wo ich hier stehe. Ab hier waren wir auf uns allein gestellt. Vor uns lag nur dunkles Gestrüpp, von dem meine Eltern nicht wussten, was dahinterkam, ob es uns Glück, Freiheit oder unendliches Leid bringen würde. Ich schlage mich wie damals durch das Gebüsch nach unten und stehe auf dem Bahnsteig. Er sieht ziemlich neu und sehr gepflegt aus. Ich kann mich nicht erinnern, dass es ihn schon 1989 hier gab. Zwischen Gebüsch und Schienen war in meiner Erinnerung nichts, nur Kies. Die Umgebung interessierte uns nicht. Wir schauten nur kurz, ob kein Zug kam und dann rannten wir so schnell es ging durch das grelle Licht, über die Gleise und auf der anderen Seite die Böschung hoch, hinein in den Schutz der Sträucher. Das alte Abschleppseil aus dem Auto, mit dem wir aneinandergebunden waren, hinderte uns, uns zu weit voneinander zu entfernen. Es gab beängstigende Geschichten über Flüchtlinge, die sich aus den Augen verloren hatten während der Flucht. Während der eine es schaffte und auf der österreichischen Seite ankam, hatte sich der andere verirrt und war orientierungslos in die falsche Richtung zurückgelaufen. Ein Drama, das uns nicht passieren sollte.

Kaum waren wir im Dickicht untergetaucht, verlangsamten wir unseren Schritt schlagartig. Und das ist noch untertrieben. Jeder Schritt ließ kleine Zweige unter unseren Füssen zerbersten, das Laub knisterte, es knackte unnatürlich. Alles Geräusche, die uns hätten verraten können. Deshalb machten wir immer zeitgleich gemeinsam einen Schritt, erstarrten und lauschten nach einem verdächtigen Geräusch, welches hätte bedeuten können, dass jemand uns entdeckt hat. Erst wenn wir nichts anderes hörten außer unseren eigenen Atem, gingen wir weiter. Anfangs auf das Kommando meines Vaters und nach einiger Zeit hatten wir so etwas wie einen eigenen Flucht-Rhythmus: Gehen, leise Auftreten, Stillstand, Atmen, Lauschen, weitergehen. Bei Tageslicht hätte das wahrscheinlich ausgesehen wie eine ausgefeilte synchrone Choreographie. Wir waren erst wenige Minuten in die-

sem Rhythmus unterwegs, da hörten wir das Klappen von Autotüren und leise Stimmen. Wir gingen in die Knie, verharrten re-
gungslos im Unterholz und lauschten. Minutenlang. Wir warteten auf ein Knistern, Rascheln oder das Knacken von Ästen, auf
Stimmen. Wir waren auf alles gefasst. Hatte man uns entdeckt?
Doch dann war Stille, es kam nichts mehr. Kein Geräusch, das
verdächtig genug klang, um uns aufzuhalten. Vielleicht waren es
auch nur Flüchtlinge wie wir, die ihr Glück versuchen wollten.
Wie lange waren wir wohl an dem Hang unterwegs? Er führte
vielleicht 20 oder 30 Meter weit nach oben, doch die Etappe dauerte eine gefühlte Ewigkeit bis wir endlich oben ankamen. Mein
Zeitgefühl hatte sich in der Dunkelheit völlig aufgelöst.

Jetzt laufe ich wieder über die Gleise und erzähle in die Kamera, was ich hier erlebt habe. Die Sonne scheint dabei so, als
wäre hier nie etwas dieser Art passiert. Niemand weiß genau, wie
viele Menschen an genau dieser Stelle wie wir versucht haben,
in die Freiheit auszubrechen. Es müssen Hunderte, vielleicht
Tausende gewesen sein. In den Medien gab es Berichte darüber,
dass an dieser Stelle sogar Menschen aus fahrenden Zügen ge-
sprungen sind, um zu fliehen. Anders als wir wussten sie offenbar, wie nah die Grenze hinter dem Grün bereits war. »Hattest
du Angst?«, fragt mich mein Kollege. Angst? Angst ist ein großes Wort, ein starkes Gefühl und oft ein lähmendes. Ich versuche

nachzuspüren, was es genau war, das ich vor 30 Jahren als Teenager an diesem Ort empfunden habe. Wer einmal echte Angst vor etwas hatte, weiß, dieses Gefühl sitzt tief. Die Erinnerung daran ist unvergänglich und verblasst nie, sie bleibt eingeschweißt in irgendeiner Ecke unseres Gehirns. Meist ein Leben lang als Trauma und bricht sich ihren Weg nicht selten an anderer Stelle. »Nein«, bin ich mir schnell sicher, »Angst war es nicht.« Es war eine extreme Anspannung. Vor allem bei meinen Eltern, die sich auch auf mich übertragen hat. Es lag eine Ernsthaftigkeit und Brisanz in der gesamten Situation, die ich mit jeder Faser meines Körpers spürte, auch wenn ich sie wohl nicht bis ins Detail verstand. In dieser Nacht war ich mit 13 Jahren so erwachsen wie nie zuvor. Ich wusste, ich muss funktionieren. In dem Moment im Gebüsch, am Abend des 20. August 1989, war ich hellwach, hochkonzentriert und unerschütterlich loyal. »Ich wusste, dass gerade etwas ganz Großes passiert. Ich war mir sicher, meine Eltern bringen mich nicht in Gefahr. Ich habe ihnen vertraut und das gemacht, was sie gesagt haben«, antworte ich meinem Kollegen nach einer Pause. Vielleicht ist es nicht die Antwort, die er erwartet hat, aber es ist die Wahrheit. Ich war erst 13, halb Kind halb Teenager, zwischen den Welten. Ein Kind, das im Schutz seiner Eltern auf eine unbestimmte Reise ging. Ich hatte keinen Zweifel am Handeln meiner Eltern und war deshalb gewissermaßen frei von Angst und Druck, vor allem aber frei von Verantwortung. Die Last meiner Eltern dagegen war ungemein größer.

Ihnen schlug in diesen Stunden das Herz bis zum Hals. Sie wussten genau, falls etwas schief ging, würden sie alles verlieren. Sie würden im Gefängnis landen, ich voraussichtlich in einem Heim. Vielleicht würden sie mich nie wiedersehen. Stattdessen würde man mich vielleicht in eine systemtreuere Pflegefamilie stecken, so wie der Staat es bei tausenden Zwangsadoptierten bereits gemacht hatte, und die Behörden würden dafür sorgen, dass wir uns wohl nie wiedersehen dürfen. Selbst mein Bruder Andreas würde unter ihrer Straftat leiden und hätte ebenso mit schlimmsten Repressalien zu kämpfen. Dieses Risiko trugen meine Eltern in dieser Nacht bei sich. Fest verschnürt. Aber keine Sekunde durften sie darüber nachdenken, und dazu war auch gar keine Zeit.

In Kópháza oben an der Böschung gegenüber den Gleisen angekommen, hockten wir im Dickicht ganz nah am Boden und sahen durch die Äste hindurch. Viel konnten wir nicht erkennen. Vor uns schien ein Weg entlang zu führen. Die ausgetretenen Fahrspuren reflektierten das Mondlicht gerade gut genug. Am Boden erkannten wir auch einen zusammengerollten Drahtzaun. Die Vermutung lag nahe, dass das ein Teil des bereits abgebauten Stacheldrahtzauns, also der Grenzzaun der Ungarn war.

In den Nachrichten des Westfernsehens hieß es, dass der »Eiserne Vorhang« in Ungarn seit dem 2. Mai 1989 abgebaut würde. Medientauglich inszeniert wurde das Vorhaben aber erst am 27.Juni, als der ungarische Außenminister Gyula Horn und der österreichische Außenminister Alois Mock den Grenzzaun mit Anwesenheit der Presse zerschnitten – ein Symbolbild, das um die Welt ging. Der Grund dahinter klingt beinahe banal. Eine Prüfung des aus den 60ern stammenden Grenzzauns hatte ergeben, dass er komplett veraltet und verrottet war, was zu häufigen Fehlalarmen führte. Aber weder die UdSSR noch Ungarn selbst wollten für neue Grenzanlagen Geld ausgeben. Moskau duldete den Abbau des Grenzzauns, doch das bedeutete nicht, dass deshalb auch die Grenzkontrollen nachließen. Sie wurden teilweise sogar verschärft, um die Sicherheit der Grenze weiterhin zu gewährleisten.

Das, was in jener Nacht da am Boden vor uns lag ließ keinen anderen Schluss zu, als dass es ein Teil des abgebauten Grenzzauns sein musste. Dahinter lag, soweit ich das in der Dunkelheit erkennen konnte, eine riesige Fläche ohne Sträucher oder Bäume, flach und ebenerdig wie ein großes Feld, dessen Rand von etwas Dunklem gesäumt wurde. Viel konnten wir nicht erkennen, nur dass am Horizont ein tiefschwarzer Streifen war, ebenso wie ganz links von uns. Wie sich später herausstellen sollte, war es ein Wald. Rechts von uns, vielleicht ein bis zwei

Kilometer entfernt, waren dagegen viele Lichter zu erkennen. Es war ein offizieller Grenzübergang von Österreich nach Ungarn. So nah dran waren wir? So nah an der Freiheit? Konnte das wirklich sein? Standen wir eventuell direkt vor der Grenze? Bedeutete das sogar, dass wir es mit wenigen Schritten schon geschafft haben könnten? Meinen Eltern war das nicht geheuer. Wir konnten uns an nichts orientieren. Die Fluchthelferin hatte uns lediglich die Richtung gedeutet und dieser Richtung waren wir gefolgt. Möglicherweise war das vor uns am Boden doch nicht der richtige Zaun. Vielleicht hatten Soldaten zufällig alten Draht an dieser Stelle abgelegt und die Grenze lag noch weit vor uns. Bevor die Gedanken weiter wilde Haken schlagen konnten, hörte ich meinen Vater flüstern »Runter! Da kommt wer.« Ich machte mich ganz klein, atmete so leise es ging. Und dann hörte ich es auch. Eine leise Männerstimme, oder waren es zwei? Offenbar unterhielt sich jemand ganz in unserer Nähe. Was gesagt wurde, konnte ich nicht verstehen. Dann sahen wir sie. Die Soldaten. Im Schutz der Dunkelheit konnten wir nur ihre Umrisse erkennen. Die Beine der Männer liefen wenige Meter entfernt an uns vorbei. Wie erstarrt beobachteten und lauschten wir. Bloß nicht bewegen, nicht Husten, Klappe halten, den Atem anhalten, warten, dass sie vorbeigehen. Jedes Knistern, jedes kleinste Geräusch hätte uns verraten können.

Wir blieben unentdeckt. Die Grenzsoldaten drehten weiter ihre Runde. Wir waren erleichtert. Aber ich spürte förmlich, wie der Druck auf meine Eltern stieg. Wir lagen da, der Zaun vor uns. »Einer nach dem anderen?«, fragte ich meine Eltern und war schon bereit zum Loslaufen. »Nein«, entgegnete mein Vater. »Nur alle zusammen.« Ich muss zugeben, dass ich das im ersten Moment nicht verstand. War es nicht viel gefährlicher, wenn alle auf einmal losrannten? Einzeln wäre man schneller und fiel weniger auf, dachte ich. Hinterher erklärten mir meine Eltern, warum sie unbedingt wollten, dass wir geschlossen zu dritt losliefen. Es gab offenbar genug Geschichten über Familien, die genau durch so eine Unbedachtheit voneinander getrennt wurden. Während es einige Familienmitglieder bereits über die Grenze geschafft hatten, blieb jemand zurück, wurde entdeckt und verhaftet. Wie auch immer das hier ausging, meine Eltern wollten zumindest aus den Fehlern der anderen lernen. Also alle oder keiner. Wir warteten noch einen kurzen Augenblick und dann gab mein Vater das Kommando: »Los!«

Während ich kindlich naiv glaubte, dass wir nur über den Zaun steigen mussten, und dann frei waren und entspannt weitergehen konnten, wussten meine Eltern, dass wir in dem Moment, in dem wir den Schutz der Sträucher verließen, auf dem Präsentierteller waren. Das Risiko, entdeckt zu werden, war nie größer als in diesem Moment. Der Vollmond erleuchtete die ganze Umgebung so gut, dass man uns sofort hätte sehen können, trotz unserer schwarzen Tarnkleidung. Gleichzeitig rannten wir alle drei los, sprangen über den Zaun und liefen auf den freien Acker. Von da an rannten wir und rannten. Erst währenddessen begriff ich, dass wir es bis zu dem schwarzen Streifen am Horizont schaffen mussten, bis zum Wald. Der Boden war schlammig, es roch nach feuchter Erde. Vor mir lief mein Vater, ich dahinter und hinter mir meine Mutter, das Seil immer noch zwischen uns.

Aus dem Nichts hörten wir auf einmal lautes Gebrüll. Soldaten riefen sich offenbar etwas für uns Unverständliches zu. Hunde bellten aufgebracht. Ging es um uns? Waren wir aufgeflogen? Auf diese Entfernung? Dann stiegen Leuchtraketen in den Nachthimmel und erhellten die Dunkelheit des Grenzstreifens mit einem grellen Licht. Es klang, als würden Schüsse fallen.

All das spielte sich rechts neben uns ab, zum Glück weit genug weg von uns. In der Nähe des Grenzübergangs schienen die Soldaten jemanden aufgespürt zu haben. Die beängstigenden Geräusche vermittelten die Hektik der Situation bis zu uns und machten das Risiko, dass auch wir entdeckt werden könnten, mit einem Mal erschreckend real. Das hätten wir sein können. Wären wir nur etwas früher gestartet, hätte die Patrouille uns vielleicht gesehen, wie wir gerade aus dem Gebüsch loslaufen wollten, um über den Acker zu fliehen. Vielleicht war es sogar eine Familie wie wir, die an diesem Abend dort entdeckt worden war? Was würde man mit ihnen machen, gab es Verletzte? In den Medien hieß es immer, dass die Soldaten nur noch in Notwehr schießen würden. Darauf hatten sich auch meine Eltern verlassen. Doch letztlich konnte niemand garantieren, dass sich wirklich jeder Grenzer daran hielt. Was wir in dieser Nacht hörten, klang dramatisch anders. Einen Tag später, am 21. August, wurde ein Familienvater an der ungarisch-österreichischen Grenze auf der Flucht erschossen. In Presseberichten wurde von »Handgemenge« geschrieben und von »Notwehr« des 19-jährigen Soldaten, der geschossen hatte. Die Frau und der Sohn des Opfers mussten alles mit ansehen.

Zum Glück ahnten meine Eltern zu diesem Zeitpunkt nichts davon. Es blieb ohnehin keine Zeit, in dieser Situation einen klaren Gedanken zu fassen. Noch immer rannten wir über das Feld. Das, was wir um uns herum wahrnahmen, trieb uns sogar noch mehr an. »Nicht anhalten, weiter… weiter…«, klang es in meinem Kopf. Meine Luft wurde knapp. Um kurz zu verschnaufen, krochen wir zwischendurch über den Boden. Als ich mich einmal umdrehte, um nach meiner Mutter zu sehen, sah ich sie auf allen Vieren über den Boden krabbeln. So gehetzt, so getrieben wie man nur sein kann. In dem Moment wusste ich, was eine Flucht wirklich bedeutete. Die Wucht ihrer Angst wurde mir in dem Moment vor Augen geführt. Wir rannten um unser Leben.

Jetzt stehe ich 30 Jahre später an der Stelle, wo all das geschah. Ich zeige für die Kamera den Gleichschritt, in dem wir zu dritt gingen, um möglichst wenige verdächtige Geräusche zu machen. Ich stehe mitten im Gebüsch, die Sonne blinzelt hindurch und ich sehe auf den riesigen Acker, über den wir damals gelaufen sind. Heute ist es eine wunderschöne grüne Weide. Pferde stehen darauf und grasen friedlich. Ein Zaun ist drumherum gebaut. Links daneben wurde mitten ins ehemalige Grenzgebiet ein Wohnhaus gebaut. Durch die Zweige der Sträucher betrachtet, wirkt diese Szene wie eine Idylle. Von hier aus ahnt man nichts von dem Grenzstreifen und den damit verbundenen Schicksalen von damals. Erst später entdecke ich ein kleines Mahnmal, das mit einem Foto an die Zeit erinnert. Ich habe mir das also nicht nur alles eingebildet. Am Horizont steht noch immer der Wald und erst jetzt sehe ich, wie weit weg er tatsächlich ist. Wie weit die Strecke war, die wir in Panik zurücklegten, als wir wegrannten vor dem, was hinter uns lag.

Der Weg, den damals die Grenzsoldaten benutzten, ist geblieben. Er liegt genau vor mir. Direkt vor dem Gebüsch, genau wie 1989. Die Eindrücke der Bilder sind stark. Es fühlt sich ein bisschen so an, als hätte ich eine Konserve geöffnet, und alles ist wieder da, alles fließt. Mir geht so vieles gleichzeitig durch den

Kopf, dass es schwerfällt, alles zu fassen. Mir wird bewusst, wie einmalig es ist, jetzt, 30 Jahre nach den Geschehnissen, an diesem Ort zu stehen, ihn wiedergefunden zu haben. Ich bin 43 Jahre alt, im gleichen Alter wie meine Eltern damals. Auch ich bin Mutter. Und ich stehe gerade an der Stelle, wo unser, wo mein altes Leben aufhörte und ein neues begann. Es ist so, als könne ich die Verantwortung meiner Eltern in diesem Moment greifen, sie richtig spüren. Ihren Mut, diesen Weg zu wagen. Ihre Verzweiflung, dieses Risiko einzugehen. Ihren Optimismus, dass alles gut gehen würde und wir am Ende endlich frei leben könnten. Und ihre Liebe, die mir ersparen sollte, was sie erlebt haben, die sie motiviert und ihnen Kraft gab für das, was kommen sollte.

»Hier zu stehen, was macht das mit dir?«, fragt mein Kollege. Stille. Dann läuft es warm über meine Wangen. In diesem Moment spüre ich all das. Und das ist viel. Das Bewusstwerden, was meine Eltern hier auf sich genommen haben für mich, löst sich in einer Dankbarkeit, die nie so greifbar war wie hier an diesem Ort. Ich sehe mich im Dunkeln der Büsche hocken, mit 13, verletzlich, im Schutz meiner Eltern, und stelle mir vor, es wären meine Kinder, die ich dort beschützen müsste. Ich ahnte damals nicht, welche Bedeutung dieses Erlebnis in meinem Leben haben wird. Das war gut so. Rückblickend fühlten sich diese Stunden damals an wie ein Krimi, in dem wir die Hauptfiguren waren.

Was hätte ich wohl anstelle meiner Eltern getan? Was müsste passieren, damit ich so ein Risiko eingehen würde? Auch wenn ich versuche, mich in ihre Lage hineinzuversetzen, meine Vorstellungskraft ist begrenzt. Ich kann nur hoffen, dass durch den Mut, den sie mir vorgelebt haben, und ihr Selbstwertgefühl, dass sie es wie jeder andere Mensch auch verdient haben, ein selbstbestimmtes Leben in Freiheit zu führen, auch ich auf dieses Recht pochen würde, sollte es jemals in Gefahr sein.

»In der DDR dient olle Arbeit dem Wohl des Nächsten und dem Frieden«

Neues Deutschland, 23.08.1989, Seite 2

» Die Freiheit hier – die zählt «

DIE ZEIT, Ausgabe 35, 1989

ETAPPE 5 – DIE ANKUNFT

Atemlos erreichten wir den Waldrand. Obwohl der Vollmond alles ringsherum etwas aufhellte, konnten wir bei unserem Aufbruch nicht erkennen, wie weit der Weg bis zum Wald wirklich sein würde. Ich schätze, er war ungefähr einen Kilometer entfernt. Der längste Sprint unseres Lebens und der wichtigste lag hinter uns. Wir hatten es bis zum Wald geschafft, ohne entdeckt zu werden. Ob die Grenze bereits hinter uns lag oder noch vor uns? Wurden die Grenzen nicht immer von beiden Seiten gesichert? Waren wir gerade erst im Niemandsland? Wir wussten es nicht. Trotzdem gingen wir immer weiter in die Richtung, von der wir glaubten, dass dort Österreich liegt und unsere Freiheit. Doch das Vorankommen war schwer. Wir konnten nichts sehen, alles verschwand im Schwarz der Nacht. Die Bäume standen hier so dicht, dass der Vollmond nur spärlich die Umrisse der Bäume erhellte. Ins Unterholz der Sträucher drang er so gut wie gar nicht mehr durch. Die Taschenlampe zu benutzen, wäre zu riskant gewesen. Alles war so zugewuchert, dass wir kaum durch das Gestrüpp vorwärtskamen. Das Seil, das uns bis dahin zusammenhielt, war nun ein Hindernis. Wir banden uns los, damit es uns nicht zusätzlich am Durchkommen hindert. Unsere Hände schützten wir mit Handschuhen aus meinem Rucksack und kämpften uns durch das dornige Unterholz. Und dann war da dieses Geräusch, das ich immer mit dieser Nacht in Verbindung bringe. Erst war es leise, aber je tiefer wir in das Dickicht vordrangen, desto lauter wurde es. Ein Summen, so penetrant wie das Dröhnen von Flugzeugturbinen, das aufdringlich in meine Gehörgänge kroch. Ein unerträgliches Getöse. Setzte ich meine Kapuze auf, wurde es zwar schwächer, aber kein anderes Geräusch drang mehr hindurch, welches uns hätte warnen können vor möglicher Gefahr. Setzte ich die Kapuze ab, blieb nur das grelle Summen, das wie eine Wand mein Gehör gegen alles andere hermetisch abriegelte. Es waren Mücken. Tausende von Mücken müssen es gewesen sein. Riesige Schwärme, die wir durch unsere Ankunft im Wald aufgescheucht haben. Ihr Summen begleitete uns durch den ganzen Wald.

Die Dornen der Zweige, eng verwuchert, zwangen mich manchmal, in die Knie zu gehen und nah am Boden hindurchzukriechen, wo noch keine kleinen Äste alles abdichteten. Meine Eltern waren irgendwo um mich herum. Ich hörte ihre Bewegungen und das Knacken der Sträucher. Dann, auf einmal, ging es nicht mehr weiter. Zwischen dem dichten Gestrüpp stand ein Zaun. Er stand da, als wäre er vergessen worden, und hinderte uns daran, weiterzukommen. War das jetzt die richtige Grenze? War das der zweite Zaun, der von Österreich, der seinerseits das Niemandsland markierte? Mein Vater war auf so eine Situation vorbereitet. Er hatte tatsächlich eine Zange aus dem Werkzeugkoffer unseres Autos mitgenommen. Es folgten ein paar krachende Schnitte und dann hatten wir unser eigenes Loch im Grenzzaun, irgendwo in diesem Dickicht zwischen Ostblock und Westeuropa. Es war gerade groß genug, dass wir uns hindurchzwängen konnten, ohne uns zu verletzen. Unausgesprochen kam bei uns allen drei die leise Hoffnung auf, dass wir es damit geschafft haben könnten. Wie viele Grenzzäune konnte es zwischen zwei Ländern schon geben? Doch die sich anbahnende Freude verpuffte. Meine Eltern blieben skeptisch, denn noch war es nur ein Hirngespinst. Wir waren noch nicht in Sicherheit. Also krochen durch die Lücke im Zaun und landeten auf der anderen Seite. Wenige Schritte später endete der Wald. Wir traten aus dem Schutz des Waldes heraus und standen direkt am Rand eines riesigen Weinbergs. Der Blick vor uns war frei. Ich schaute auf ein großes, breites Tal. Alles sah so friedlich aus. In Sichtweite waren Lichter eines Dorfes zu erkennen. Während ich durchatmete, besprachen meine Eltern leise, was wir als Nächstes tun sollten. Sollten wir Richtung Dorf laufen? War das schlau? Was wenn wir noch in Ungarn waren? Um sich irgendwie Orientierung zu verschaffen, nahm er die Taschenlampe aus dem Rucksack und hockte sich hin. Er zog eine Landkarte aus der Tasche, faltete sie leise auf und presste sie tief in das hohe Gras. Dann beugte er sich nah darüber, um das Licht möglichst zu verdecken. Er beleuchtete die Karte unten am Boden und versuchte herauszufinden, wo wir ungefähr waren. Mein Vater nahm an, dass wir Österreich bereits erreicht hatten und somit auf dem richtigen Weg waren. Ausgesprochen hat er es in dem Moment nicht. Aber er entschied, dass wir weitergehen. Mitten durch den Weinberg in Richtung des Dorfes. Ich holte zwischendurch Tütchen mit Pfeffer aus dem Rucksack und verstreute ihn - das sollte angeblich die Spürnasen der Wachhunde irritieren. Unterwegs hatte ich daran gar nicht mehr gedacht. Die Aufregung war viel zu groß, meine Aufmerksamkeit gebannt von der Spannung des Moments. Auf unserem Weg durch den Weinberg, wurde ich plötzlich ausgelassener. Mein Gang wurde dynamischer. Insgeheim war mir nach Hüpfen zumute. Wir sprachen leise miteinander und mutmaßten, wo wir sind. In mir wuchs bereits die freudige Hoffnung, dass wir es geschafft hatten, dass wir bereits im Westen waren. Zu diesem Zeitpunkt fühlte ich mich überraschend sicher.

Obwohl die Weinberge uns auch irgendwie irritierten. Wir wussten nicht, dass auch Österreich Weinberge hatte. Meine Eltern hatten Geschichten gehört, von Menschen, die wegen der schlechten Orientierungsmöglichkeit im Dunkeln sogar im Kreis gelaufen waren und, ohne es zu wissen, einmal über die Grenze und wieder zurück nach Ungarn. »Da kommt ein Auto. Ein Auto! Runter vom Weg«, hauchte meine Mutter energisch. Wir sprangen zwischen die Rebenstöcke und beobachteten, wie das Auto parkte, den Motor und die Lichter abstellte. Vielleicht nur ein knutschendes Liebespaar? Oder Grenzsoldaten, auf der Suche nach Flüchtlingen, die sie direkt abfangen und zurückbringen würden? Meine Eltern vermuteten natürlich Letzteres. Also machten wir einen großen Bogen um das Fahrzeug. Unterhalb des Weinbergs lag eine asphaltierte Straße, an der unser Umweg endete. Ob es eine ungarische Straße oder eine österreichische sein würde, konnten wir von dort aus nicht erkennen. Nach einigen Schritten entdeckten wir jedoch ein Straßenschild, auf dem stand: Bundesstraße. Uns wurde klar: Das musste Österreich sein.

Erschöpft, erleichtert und überglücklich ließen wir uns auf eine Bank am Straßenrand fallen. Wow! Wir hatten es geschafft. Wir waren im Westen. Wir waren geflohen. Überwältigt nahmen meine Eltern mich und sich in die Arme, wir drückten uns ganz fest. Unversehrt hatten wir alles überstanden. Meine Eltern atmeten tief durch. Die Strapazen der letzten Stunden, der Monate und der Jahre zuvor fielen mit einem Mal von ihnen ab – wie ein Felsbrocken. War das alles eben wirklich passiert? Vor uns lag ein kleines Freibad. Wir alberten herum, ob wir noch Schwimmen gehen sollten und kicherten ausgelassen. Dann fischte ich unseren Proviant aus meinem kleinen Rucksack, drei Äpfel. Wir aßen sie schweigend. Nie hat uns ein Apfel besser geschmeckt als in diesem Moment. Mit jeder Minute, die verstrich, sickerte die neue Realität zu uns durch: Wir waren frei. In einem fremden Land. Und nun?

In den letzten Wochen war alles nur auf genau dieses Ziel fokussiert. Ankommen, es schaffen, raus aus der Enge, frei sein, endlich. Die kleine Bank, auf der wir saßen, war sinnbildlich unser Ziel. Bis dorthin ging die Zeitrechnung. Unsere Stunde Null war genau hier. Unsere Zukunft lag von da an vor uns wie ein weißes Blatt Papier, das neu beschrieben werden musste. »Unser Leben Teil 2« oder so ähnlich hätte die Überschrift lauten können. Was danach kommen sollte, war in diesem Augenblick völlig egal.

Natürlich wollten wir irgendwie in die BRD kommen. Doch vorher mussten wir in die österreichische Hauptstadt Wien. Drei Tage später waren wir dort verabredet mit unserer Fluchthelfe-

rin. Sie wollte uns zumindest unser Urlaubsgepäck vorbeibringen, unsere wenigen Habseligkeiten unseres Lebens in der DDR.
Noch saßen wir einfach nur da und nahmen die Erleichterung
über das Geschaffte wahr, die sich stetig ausbreitete und mani-
festierte. Da kam unerwartet der verdächtige Wagen aus den
Weinbergen zurück. Die Lichter gingen an, er fuhr auf die Straße
in unsere Richtung und hielt genau neben uns. Eine freundliche,
dunkelhaarige Frau fragte uns, ob wir Hilfe bräuchten. Wir ver-
neinten erst schüchtern. Doch sie hakte nach und wollte wissen,
ob wir aus der DDR geflohen sind. Sie sei extra da, um uns auf-
zusammeln und uns zu helfen, sagte sie. Anfangs wollten wir es
nicht glauben und blieben zurückhaltend. Steckte vielleicht ein
Trick der DDR-Staatssicherheit dahinter? Die Frau stieg aus dem
Auto und kam auf uns zu. Sie war ganz in Weiß gekleidet, wir
dagegen waren völlig verdreckt und voller Schlamm, von dem
Acker, über den wir gerannt und gekrochen waren. Für sie spielte
das keine Rolle, es war offenbar unwichtig wie wir aussahen: Sie
umarmte uns, obwohl wir ihr völlig fremd waren, herzlich und
drückte uns mit größter Empathie an ihre schneeweiße Kleidung.
Wir glaubten ihr und stiegen in ihren Wagen ein. Was uns dann
erwartete, war überwältigend. Sie brachte uns nach Deutschkreutz, den kleinen österreichischen Ort, den wir hell erleuchtet
oben vom Waldrand aus gesehen hatten. Dort hatten die enga-
gierten Dorfbewohner eine Versorgungsstelle für Flüchtlinge
eingerichtet. Ja, ganz offensichtlich waren wir nicht die einzigen,

die sich auf den Weg gemacht hatten, denn in dem Raum war alles vorbereitet für große Menschenmengen. Es gab Regale voll frischer, sauberer Kleidung. Auf dem Tisch standen Getränke und belegte Brötchen. »Wir haben extra Patrouillen in den Weinbergen abgestellt, alles Freiwillige aus Deutschkreutz, die dort die Flüchtlinge abfangen und hierherbringen«, erzählte uns die herzliche Frau in Weiß. Wir tranken etwas, stärkten uns mit belegten Brötchen und ruhten uns etwas aus. Es war mittlerweile kurz nach Mitternacht. Ungefähr 3 Stunden hatten wir für einen Weg gebraucht, für den man mit dem Auto weniger als 10 Minuten benötigte. Während wir etwas durchatmeten, beobachteten wir mit großen Augen, wie gut diese Flüchtlingshilfe organisiert war. Mehrere Ehrenamtlichen waren damit beschäftigt, neue Ankömmlinge zu versorgen und ihnen einen Schlafplatz zu besorgen. In Deutschkreutz gab es eine Turnhalle, in der viele geflüchtete DDR-Bürger unterkamen. Außerdem hatten sich einige der 3000 Einwohner tatsächlich bereit erklärt, Flüchtigen bei sich zu Hause Unterschlupf zu bieten. Die Frau in Weiß, deren Namen wir nie erfahren haben, telefonierte, um uns irgendwo für die Nacht einzuquartieren. So kam es, dass wir gegen ein Uhr nachts am Haus einer österreichischen Familie klingelten. Schüchtern, todmüde und gleichzeitig aufgekratzt vor Glück standen wir davor und konnten selbst nicht ganz begreifen, was gerade passierte. Wir hatten wildfremde Menschen mitten in der Nacht geweckt, mit der Bitte, bei ihnen übernachten zu dürfen. Wie selbstverständlich öffneten sie uns ihre Tür und zum zweiten Mal in dieser Nacht wurden wir mit einer großzügigen Herzlichkeit empfangen, die wir so niemals erwartet hatten. Das Ehepaar Marlis und Alfred Gmeiner nahm uns überaus freundlich bei sich auf. Sie bereiteten uns ein Nachtlager in ihrem Gästezimmer und zeigten großes Interesse an uns. Sie sprachen mit meinen Eltern über die Flucht und ihre Vergangenheit. »Fühlt euch wie Zuhause. Im Kühlschrank steht noch eine Flasche Sekt, bedient euch.« Damit verabschiedeten sie uns in die Nachtruhe. »Fühlt euch wie zuhause...« Unser richtiges Zuhause war weit weg. Nie wieder würden wir es sehen, nie wieder würde ich in meinem Bett schlafen. Doch ich hatte keine Kraft mehr in dieser Nacht, um mir darüber Gedanken zu machen. Ich war so erschöpft, dass ich schnell einschlief. Meine Eltern dagegen lagen noch länger wach. Erleichtert und hoffnungsvoll, dass nun alles gut werden würde. Sie freuten sich über ihr Glück, es geschafft zu haben, und sie waren schlichtweg überwältigt von den ersten Stunden unserer Zukunft. Sie hatten nicht gewusst, was in dieser Nacht auf uns zukommen würde, doch damit hatten sie nicht gerechnet: Dass man in Österreich auf uns warten würde, dass wir so herzlich begrüßt und so hilfsbereit aufgenommen werden würden, dass wir so willkommen waren. Das berührte sie zutiefst.

Es war eine andere Art der Hilfsbereitschaft, als die, die wir bisher kennengelernt hatten. Völlig uneigennützig und selbstlos.

Natürlich hatte es auch in der DDR Hilfsbereitschaft gegeben. Eine sehr große sogar. Allerdings war sie oft anders motiviert. Noch lange nach der Wende und sogar bis heute schwärmen ehemalige DDR-Bürger beinahe von dieser außergewöhnlichen Hilfsbereitschaft, von einem ganz besonderen Gemeinschaftsgefühl untereinander. Im Ostalgie-Modus wird da der durchschnittliche DDR-Bürger oft per se wie eine besondere Spezies verklärt, als sei er von Natur aus ein besserer, extrem sozialer Mensch gewesen. Sich gegenseitig zu helfen, das spielte in der DDR eine extrem verbindende Rolle. Nach dem Ende der DDR wurde diese Hilfsbereitschaft oft als eine der positiven Errungenschaft der DDR gefeiert. Meiner Meinung nach wird jedoch oft vergessen, dass DDR-Bürger nicht aus reiner Selbstlosigkeit so hilfsbereit zueinander waren. Das sage ich als »Ossi«, der zu seinen Wurzeln steht. Mein Eindruck ist, dass das System und die Gesellschaft der DDR die Menschen, auch die Nachwendegeneration, sowohl negativ als auch positiv nachhaltig geprägt hat. Ich selbst habe oft die Erfahrung gemacht, dass viele Ostdeutsche sich in ihrer Ehrlichkeit, Loyalität, Bescheidenheit und Authentizität von anderen Menschen hervorheben. Dennoch, die Wahrheit über die ständige Hilfsbereitschaft der Menschen damals ist, dass die Menschen sich gegenseitig schlichtweg brauchten. Sie brauchten sich, wenn der eine sich für den anderen zum Bananen kaufen in der Kaufhalle anstellte. Im Gegenzug bekam er dann beim nächsten Mal einen Freundschaftsdienst ähnlicher Art.

Meine Oma Emmi beispielsweise arbeitete zeitweise in einer Fleischerei als Verkäuferin. Gab es dort mal das seltene und deshalb begehrte Kalbsfleisch, dann legte sie etwas davon zurück für eine ganz bestimmte Schuhverkäuferin aus dem Viertel. Sobald Oma Emmi gute Lederschuhe brauchte, ging sie dann in den Schuhladen eben dieser Verkäuferin, denn die hatte ganz sicher etwas Passendes für sie unter der Ladentheke. Mein Vater nutze diese Gepflogenheit als er dringend Holz brauchte, um unseren Bungalow am Stadtrand zu bauen. Ein bekannter Förster hatte genug Holz und suchte dringend einen Wohnwagen, auf den man gewöhnlich jahrelang warten musste, falls man ihn neu bestellte. Mein Vater verkaufte ihm unseren Wohnwagen und hatte damit seine private Quelle, um an Holz zu kommen und das über Jahre. Ja, in diesem Staat war man war schlichtweg aufeinander angewiesen. Einer half dem anderen, eine Hand wusch die andere. Wahr ist auch, dass das Leben in der DDR ohne die gegenseitige Hilfsbereitschaft, sehr viel trostloser gewesen wäre. Vielleicht wäre der Staat schon viel früher zusammengebrochen oder die Menschen hätten früher rebelliert, hätten sie nicht diese Art von Gemeinschaftsgefühl empfunden, hätten sie nicht den Glauben gehabt, sich gegenseitig und gemeinsam das Leben zu erleichtern, indem sie füreinander da waren. Dennoch war es manchmal eben nur eine Notgemeinschaft. Im Alltag fühlte sich das ohne

Zweifel trotzdem gut an. Man hatte dadurch das Gefühl, mit seinem jeweiligen Problem nicht allein zu sein, ein Netzwerk zu haben, man saß in einem Boot, wenn auch einem löchrigen.

Man sollte jedoch nicht die Augen verschließen vor den wirklichen Ursachen dieser besonderen Hilfsgemeinschaft. Das Kollektiv wurde zu diesem Denken und Verhalten erzogen, es wurde ihm antrainiert, es wurde geehrt, in Liedern besungen, es war eine Art Statussymbol des Sozialismus. Dass der durchschnittliche DDR-Bürger nicht von Natur aus ein besonders selbstloser Mensch war, zeigte sich entsprechend schnell nach der Wende. Denn auf einmal dachten viele nur an sich selbst: der liebe Nachbar, als er die Wohnräume des angeblichen Freundes plünderte, nachdem der geflohen war. Der Kollege, der heimlich schlecht über den Teamkollegen sprach, um seinen eigenen Job zu behalten, als es nach der Privatisierung der Staatsbetriebe überall Kündigungen hagelte. Der eigene Vorteil lag plötzlich mehr im Fokus und das oft beschworene Gemeinschaftsgefühl löste sich nicht selten in Konkurrenzkampf, Neid und Missgunst auf. Einigen fiel es entsprechend schwer, nach der Wende ohne die Gemeinschaft und die kollektive Hilfe klar zu kommen. Denn was vielen vor dem politischen Umbruch nicht so klar war, Freiheit bedeutete nicht nur physische Freiheit, sondern auch Selbstbestimmung, Unabhängigkeit und vor allem Selbstverantwortung. Mit den Konsequenzen daraus, wollte oder konnte allerdings nicht jeder DDR-Bürger umgehen. Einige konnten mit dieser Selbstbestimmung einfach nichts anfangen, waren überfordert und verloren sich in dieser neu gewonnenen Freiheit des neuen politischen Systems, in dem ihnen niemand mehr sagte, was sie wann zu tun haben. Selbst entscheiden zu können war eine Eigenschaft, die in der DDR nicht gewünscht war und nicht gelehrt wurde. Folgsam sein, sich fügen, gesichtslos bleiben in einer Gemeinschaft, die von oben gesteuert und kontrolliert wird, das war die Mentalität, die einen guten DDR-Bürger auszeichnete und die leider teilweise bei einigen Menschen so nachwirkte, dass sie der Herausforderung eines selbstbestimmten, eigenverantwortlichen Lebens nicht gewachsen waren.

Der letzte Zielpunkt meiner Zeitreise 30 Jahre nach dem Mauerfall ist Deutschkreutz. Ich möchte Familie Gmeiner besuchen und mit ihnen über die Erlebnisse von damals sprechen. Schon an der Haustür werden wir, mein Kamerateam und ich herzlich empfangen. Marlis und Alfred Gmeiner ließen meine Eltern und mich damals in ihr Haus, obwohl wir Fremde für sie waren. Unser Wiedersehen berührt uns beide. Wir umarmen uns fest und Marlis behauptet, sie würde die Ähnlichkeit zu damals in meinem Gesicht sogar noch erkennen. Nur zweimal haben wir uns danach wiedergesehen. Im Sommer nach dem Mauerfall waren wir noch einmal bei ihnen und zwei Jahre später haben sie uns auf der Durchreise in den Urlaub besucht. Über viele Jahre hielten wir Briefkontakt, schrieben uns an Geburtstagen und anderen Feiertagen. Gesehen haben ich die beiden seitdem allerdings nicht mehr. Im Flur bemerke ich, wie gerührt Marlis von unserem Wiedersehen ist. Mir geht es nicht anders. Auf der Terrasse sprechen wir über das Fluchtjahr 1989 und unvermeidlich ist für mich die Frage, warum sie uns damals aufgenommen haben, uns als Fremde nachts in ihr Haus ließen. Marlis Antwort spiegelt ihre Selbstlosigkeit wider: »Na, das war doch selbstverständlich«, sagt sie langsam und mit einem Ausdruck tiefer Überzeugung. Für sie scheint es völlig abwegig zu sein, wie irgendjemand hätte anders reagieren können. Dass wir die gleiche Sprache gesprochen haben, habe aber natürlich geholfen. In den Medien hatten sie und ihr Mann selbst so viel über die Not der DDR-Bürger gesehen, dass sie schlichtweg Mitleid empfanden. Außerdem erzählt meine Gastgeberin ausführlich, dass die Menschen im Burgenland bereits eine jahrelange Tradition als Fluchthelfer haben. Die beiden ehemaligen Fluchthelfer Willi Hofer und Toni Fennes, die noch zu unserem Gespräch dazu kommen, bestätigen das: Schon in den 1950er Jahren war das österreichische Bundesland offenbar mit einer riesigen Fluchtwelle ungarischer Bürger aus ihrem Land konfrontiert gewesen. Damals forderten die ungarischen Bürger mehr Demokratie und wollten sich von ihren sowjetischen Besatzern lösen. Demonstrationen gegen den Kommunismus führten zu gewaltvollem Durchgreifen der Regierung im Oktober 1956. Die Konsequenz:

Rund 190.000 Ungarn flohen aus Angst und kamen ebenso mittellos im Nachbarland Österreich an wie wir im August 1989. Das Leid der Ungarn entfachte eine große Hilfsbereitschaft bei den Österreichern, sie halfen den ankommenden Flüchtlingen und hießen sie willkommen. Es gab viele Schicksale, die denen der DDR-Bürger von 1989 ähnelten. Mein Gastvater Alfred Gmeiner schildert, wie er im Sommer 1989 einer jungen Frau begegnet ist, die sich geschüttelt habe vor Weinen, weil sie es endlich geschafft hatte zu fliehen, nachdem mehrere Versuche zuvor gescheitert waren. Willi Hofer und Toni Fennes berichten von Menschen, deren Autos sie über die Grenzen gebracht haben, und wie zum Ende der Fluchtwelle die Grenzer manchmal beide Augen zudrückten und die Fluchthelfer ohne Kontrollen die Grenze passieren ließen. Für meine Eltern und mich, und vielleicht auch für andere DDR-Flüchtlinge, war diese Hilfsbereitschaft etwas, das uns über den kurzen Aufenthalt hinaus nachhaltig geprägt hat. Wer so bedingungslos offen empfangen wird, nachdem er sein Leben riskiert hat, um der diktatorischen Enge und Eingeschränktheit des Heimatlandes zu entfliehen, der geht mit einem gewissen Mut und Optimismus diesen Weg weiter. So war es zumindest für uns. Wir fühlten uns willkommen, wir erhielten großes Verständnis für unsere Notlage und das bestätigte meine Eltern darin, das Richtige getan zu haben. Ein Gefühl der Genugtuung, dass das Risiko, das sie auf sich genommen hatten, zwar groß, aber nicht umsonst gewesen war. Es bestärkte sie zusätzlich in ihrem unermüdlichen Optimismus alles, was nun auf uns zukommen würde, zu schaffen.

Am nächsten Tag brachte uns ein Bus nach Wien. Eine Fahrt, organisiert von der Gemeinde Deutschkreutz selbst. Vor unserer Abfahrt steckte uns unsere Gastfamilie sogar noch etwas Geld zu für die nächsten Tage. In Wien wartete dann bereits die nächste Überraschung auf uns. Mittellos, mit nur wenigen D-Mark in der Tasche, wollten wir in Wien auf unsere Fluchthelferin vom Balaton warten. Wir waren verabredet, damit sie uns unsere wenigen Sachen vorbeibringen konnte, die wir mit nach Ungarn genommen hatten. Der Bus brachte uns und die anderen Flüchtlinge aus Deutschkreutz bis zum Hauptbahnhof in Wien. Jeder von ihnen, auch wir, hatte von der Regierung genehmigte Tickets, um kostenlos nach Deutschland weiterzufahren. Während die anderen DDR-Bürger von dort aus mit dem Zug weiterfuhren nach Deutschland, liefen wir etwas ziellos durch das Bahnhofsgebäude. Und dort sprach uns ein fremder Mann an. Der Österreicher fragte, ob wir eine Übernachtungsmöglichkeit suchten. Vermutlich hatte er schon unsere Ankunft per Bus mit den anderen Geflüchteten beobachtet. Mein Vater sagte ihm gleich, dass wir nicht viel Geld hatten, aber das schien dem Mann egal zu sein. Er nahm uns mit in seine Pension und stellte uns ein einfaches Zimmer zur Verfügung, kostenlos. Die Toilette war auf dem Gang und eine Schüssel mit frischem Wasser ersetzte ein eigenes Bad. Wir waren dennoch dankbar und streunten die nächsten 3 Tage durch Wien bis wir unsere Fluchthelferin wiedertrafen, die uns unsere Habseligkeiten brachte und uns in den Zug nach Deutschland verabschiedete. Unsere kostenlosen Zugtickets waren noch gültig und so fuhren wir mit nichts als ein paar Sommerklamotten im Gepäck über die letzte Grenze dieser Reise – die deutsch-österreichische. Wir kamen in einem Flüchtlingslager im nordrhein-westfälischen Schöppingen an. Ziel erreicht, wir waren in Westdeutschland.

Ob wir die Dinge, die wir zurücklassen mussten, nicht vermisst haben, werde ich bis heute oft gefragt. Doch ein unerwartetes Relikt der Flucht ist das nicht materialistische Denken, das uns in Fleisch und Blut übergegangen ist. Deshalb beantworte ich diese Frage gerne mit einem Zitat meiner Mutter: »Ob ich aus einer weißen Tasse trinke oder aus einer blauen, das ist alles nicht wichtig. Man muss gesund bleiben und sich Ziele setzen im Leben, das ist viel wichtiger. Das haben wir versucht und das haben wir geschafft. Wir haben das nie bereut.« Seit unserer Ankunft in der BRD konzentrierten sich meine Eltern darauf, ihr Versprechen an mich und an sich selbst in die Tat umzusetzen: Sie schafften sich ein neues Zuhause, neue Jobs und eine neue Zukunft für uns drei, unser Leben Teil zwei.

Aber das ist eine andere Geschichte.

NACHWORT

Im Rahmen des damaligen Zeitgeschehens ist diese kleine persönliche Geschichte vielleicht gewöhnlich, sind unsere Erlebnisse rund um unsere Flucht doch relativ unspektakulär. Es ist nur ein Einzelschicksal von vielen Tausenden. Ich hoffe trotzdem oder gerade deshalb, dass unsere Geschichte als eine von so vielen spürbar machen kann, was das DDR-Regime vielen Menschen ihres Landes angetan hat. Jeder dieser Menschen ist einzigartig, genau wie sein Schicksal, und doch ist es vielen von ihnen ähnlich ergangen. Ihre Einzelgeschichten verschwimmen in der Masse der Geflüchteten zu einem großen Gesamtbild derer, die sich weigerten, fremdbestimmt zu leben, die lieber frei sein wollten.

Nach der Ausstrahlung der TV-Reportage sagte Marlis Gmeiner, meine Gastmutter aus Österreich, sie habe zwar immer gewusst, dass es schwer war für die Menschen aus der DDR, aber wie es sich für sie angefühlt habe, alles zurückzulassen, das habe sie erst durch meinen Film richtig verstanden. Wenn dieses Buch eine ähnliche Wirkung haben könnte, hätte ich viel erreicht. Denn das, was den Menschen in der DDR damals angetan wurde, darf nicht in Vergessenheit geraten.

Es soll spürbar werden, sein und bleiben für die Zukunft.

Zeitfracht Medien GmbH
Ferdinand-Jühlke-Straße 7
99095 Erfurt, Deutschland
produktsicherheit@kolibri360.de